ALBERTO GUTIÉRREZ DE LA SOLANA
New York University

RUBÉN DARÍO:
PROSA Y POESÍA

Con tres estudios preliminares, selecciones,
notas, glosario, vocabulario y bibliografía
por Alberto Gutiérrez de la Solana

Senda Nueva de Ediciones, Inc.
P. O. Box 488
Montclair, N. J., U. S. A. 07042

ISBN: 0-918454-08-5
Library of Congress Catalog Card
Number: 78-55176
Diseño de la portada: Herb Schwartz

RUBÉN DARÍO:
PROSA Y POESÍA

SENDA NUEVA DE EDICIONES

I. Senda bibliográfica

Elio Alba-Buffill y Francisco E. Feito
Índice de El Pensamiento (Cuba, 1879-1880)

Alberto Gutiérrez de la Solana
Investigación y crítica literaria y ligüística cubana

II. Senda narrativa

Oscar Gómez-Vidal
¿Sabes la noticia...? ¡Dios llega mañana!

III. Senda de estudios y ensayos

Octavio de la Suarée, Jr.
La obra literaria de Regino E. Boti

Rose S. Minc
Lo fantástico y lo real en la narrativa de Juan Rulfo y Guadalupe Dueñas

Elio Alba-Buffill
Los estudios cervantinos de Enrique José Varona

Rose S. Minc, Editor
The Contemporary Latin American Short Story
[Symposium, Montclair State College]

IV. Senda poética

Lourdes Gil
Neumas

Gustavo Cardelle
Reflejos sobre la nieve

Xavier Urpí
Instantes violados

Esther Utrera
Mensaje en luces

V. Senda antológica

Alberto Gutiérrez de la Solana
Rubén Darío: Prosa y Poesía

VI. Senda lexicográfica

Adela Alcantud
Diccionario de Psicología

6

A mis estudiantes de New York University, cuyas inteligentes preguntas al interpretar la obra rubendariana me inspiraron la idea de este libro.

ESTUDIOS PRELIMINARES:

EL MODERNISMO

RUBÉN DARÍO: SU VIDA

RUBÉN DARÍO: SU OBRA

EL MODERNISMO

¿Qué es el modernismo en las letras hispánicas? Es un concepto polémico. Su definición exacta es todavía motivo de estudio y de diferentes opiniones y teorías en cuanto a su naturaleza, su alcance social y cultural y su delimitación cronológica. Para algunos críticos es un movimiento literario, y señalan sus características como tal. Otros estiman que es la expresión hispánica de la crisis universal de las letras y del espíritu que marcó la liquidación del siglo XIX y la iniciación del espíritu contemporáneo, es decir, un profundo cambio histórico general que llega hasta nuestros días. No es nuestro propósito en este breve estudio preliminar entrar en tan interesante como compleja cuestión. Basta decir que, ateniéndonos sólo al campo de la literatura, se conoce con ese nombre a la manifestación literaria del espíritu de renovación, innovación, rebeldía y libertad estética e intelectual que se inicia a partir de las últimas décadas del siglo XIX.

El modernismo no tuvo declaración de principios ni manifiesto que constriñera la libertad individual creadora. Cuando le pidieron a Rubén Darío, su figura máxima, que hiciera un manifiesto, dijo que no era fructuoso ni oportuno: "Porque proclamando, como proclamo, una estética acrática, la imposición de un modelo o de un código implicaría una contradicción. Yo no tengo literatura "mía"... para marcar el rumbo de los demás: mi literatura es *mía* en mí; quien siga servilmente mis huellas perderá su tesoro personal y, paje o esclavo, no podrá ocultar su sello o librea.[1]

1. «Palabras liminares» a *Prosas profanas*. Véase en la página 129 de este libro, *Rubén Darío: Prosa y Poesía*.

También existen diferentes criterios críticos sobre los límites cronológicos del modernismo. Algunos críticos sostienen que su período histórico más original y fecundo abarca las dos últimas décadas del siglo XIX y la primera del actual. Otros han fijado como fecha inicial la del *Azul* de Rubén Darío, 1888, y como terminal la de su muerte, 1916. Para el poeta español Juan Ramón Jiménez, testigo y partícipe del modernismo, ésta es una época que abarca toda la literatura y el arte del siglo XX. Otros críticos, como Federico de Onís, Ricardo Gullón e Ivan A. Schulman, también propugnan un amplio concepto de época. Las distintas opiniones sobre la delimitación cronológica del modernismo dependen del concepto y la definición de éste. Además, según estudios contemporáneos, el modernismo se manifestó primero en la prosa que en el verso. Ya desde 1875 aparece en la prosa del cubano José Martí y en la del mexicano Manuel Gutiérrez Nájera, mientras que en el verso hay que ir a buscarlo en el libro *Ismaelillo* (1882) de Martí.

Los escritores modernistas encaminaron su esfuerzo estético contra la pobreza de la expresión literaria, el anquilosamiento del lenguaje, el vacío de las ideas, las manoseadas y gastadas imágenes poéticas, y la vieja retórica. En su afán de belleza y novedad, especialmente en la poesía, los modernistas supieron aprovechar lo mejor de la cultura estética francesa de aquel tiempo: del parnasismo asimilaron el anhelo por la perfección formal, y del simbolismo el propósito de encontrar nuevos modos de expresión poética. Además, en su deseo de alejarse de las vulgaridades cotidianas, muchos modernistas prefirieron los ambientes imaginarios, exquisitos, exóticos, y se valieron frecuentemente de la evocación de la antigua Grecia y de la corte francesa elegante y refinada del siglo XVIII o de motivos exóticos orientales, especialmente de la China y el Japón.

La combinación de dichos elementos dio lugar a una expresión estilística modernista que era básicamente ornamental, externa, exótica, afrancesada, evasiva, alejada de la realidad circundante. Este estilo es el que se ha considerado frecuentemente como la genuina expresión modernista. Pero esto es un error, pues serias y bien fundamentadas investigaciones históricas y estilísticas han demostrado que también existe otra expresión estilística moderna que sin dejar de ser renovadora, innovadora y estética en muchos aspectos, es al mismo tiempo interior, profunda, esencial, con raíces en la realidad humana universal y también en los conflictos y problemas de América. Ambas vertientes del modernismo aparecen en América casi al mismo tiempo. La primera, iniciada por Gutiérrez Nájera; la segunda, por Martí. Además, muchos modernistas participaron en ambas corrientes, como Rubén Darío, Leopoldo Lugones, Enrique González Martínez y otros más.

Tampoco debe estimarse que el modernismo se caracteriza por un total afrancesamiento, pues, por el contrario, los modernistas abrevaron su sed de belleza y de libertad ilimitada en todas las fuentes asequibles, tales como las literaturas inglesa, italiana, alemana y escandinava, y aun en aquellas más remotas, como la rusa y las orientales; inclusive en la norteamericana. Se puede citar como ejemplo de esto último a José Martí, que fue el primero que dio a conocer a Walt Whitman en la América española, antes de que en Francia lo conocieran, según lo recuerda el propio Rubén Darío en su necrología de Martí: "Los Estados Unidos de Martí son estupendo y encantador diorama... bien recuerdo... un Walt Whitman patriarcal, prestigioso, líricamente augusto, antes, mucho antes de que Francia conociera por Sarrazin al bíblico autor de las *Hojas de Hierba*".[2] El modernismo fue simbiosis originalísima de elementos muy diversos, incluyendo lo mejor de los clásicos españoles, así como nuevos asuntos americanos.

El modernismo trajo nuevas ideas, nuevos temas, nuevos motivos. En la poesía, produjo la reaparición de estructuras métricas olvidadas o desusadas, y la introducción de otras nuevas; y tanto en aquélla como en la prosa el enriquecimiento del idioma con cultismos, nuevos vocablos de origen castizo o extranjero, y un vocabulario escrupulosamente seleccionado. Mediante el uso de todos

---

2. Rubén Darío, «José Martí», *Los Raros*. Véase en la página 107 de este libro, *Rubén Darío: Prosa y Poesía*.

esos recursos y también de otros, por ejemplo, la sinestesia, el modernismo supo crear una amplia gama de nuevos matices, tonos, imágenes, sensaciones auditivas y pictóricas, y ambientes muy variados.

Esta transformación fue iniciada por escritores hispanoamericanos que aisladamente, en gran medida independientes los unos de los otros, comenzaron a escribir en forma distinta, con mayor pureza expresiva, originalidad en el uso de imágenes cromáticas y pictóricas, nueva sensibilidad poética, y nuevos ideales estéticos. Entre ellos se destacan el cubano José Martí (1853-1895), prosista y poeta de singular estilo, fina sensibilidad, gran profundidad de pensamiento, originalidad extraordinaria, y absoluta sinceridad que a pesar de que dedicó toda su vida a la lucha por la independencia de su patria dejó una valiosísima y abundante obra escrita; el mexicano Salvador Díaz Mirón (1853-1928), político y poeta, que dejó poemas de gran perfección y armonía en su libro titulado *Lascas*; el mexicano Manuel Gutiérrez Nájera (1859-1895), excelente poeta, uno de los primeros que iniciaron la revolución modernista en la prosa; el cubano Julián del Casal (1863-1893), exquisito temperamento poético dominado por una melancolía y una inadaptación al medio y al tiempo que le tocó vivir que convirtió en poemas de corte parnasiano, y que, además, introdujo en el modernismo el japonesismo con sus poemas "Kakemono" (1892) y "Sourimono" (1893); y el colombiano José Asunción Silva (1865-1896), autor del famoso "Nocturno" (1894), posiblemente el poema más musical de la lengua española, quien se caracteriza por su angustia y su pesimismo vital, que expresan las inquietudes del espíritu de su época. Junto a esas inquietudes y tristezas, Silva tiene otros momentos de gran ternura hacia los niños, que transforma en poemas de evocación de escenas infantiles. Y aun puede encontrarse otro tono, una visión sarcástica del hombre y el mundo, que no aparece en sus contemporáneos, y que debe ser producto de sus lecturas del poeta alemán Heinrich Heine (1797-1856) y de los españoles Joaquín María Bartrina (1850-1880) y Ramón Campoamor (1817-1901). Silva también evidencia afinidad con Edgar Allan Poe (1809-1849) en la sensibilidad de

14

ambos por lo nocturno, la sombra y el misterio, y en ciertos ritmos y formas externas.

Rubén Darío, pocos años más joven que dichos iniciadores —todos, menos Díaz Mirón, habían muerto ya para el año 1896— es el nexo entre ellos y el nutridísimo grupo de los continuadores, a su vez algo más jóvenes que el poeta nicaragüense. La obra y la misión de éste fueron decisivas. Rubén Darío, con su excepcional sensibilidad, su gran genio poético, su amplia y diversificada cultura, su intachable integridad como poeta, su vigorosa personalidad, su cosmopolitismo, sus muchos y bien aprovechados viajes y residencias en América y Europa, y su afán de revolucionar estéticamente: "Yo hacía todo el daño que me era posible al dogmatismo hispano, al anquilosamiento académico, a la tradición hermosillesca, a lo pseudo-clásico, a lo pseudo-romántico, a lo pseudo-realista y naturalista".[3] Y con su anhelo de divulgar: "esparcí entre la juventud los principios de libertad intelectual y de personalismo artístico que habían sido la base de nuestra vida nueva en el pensamiento y el arte de escribir hispano-americanos",[4] dio impulso definitivo al modernismo para afirmarlo, consolidarlo, consagrarlo y convertirlo en lo que Juan Ramón Jiménez llamó "un gran movimiento de estusiasmo y libertad hacia la belleza".[5]

El modernismo conmovió honda y revolucionariamente las letras hispánicas, y sus más remotos saludables efectos vivificadores no han desaparecido todavía. Hasta ahora, el modernismo es la máxima contribución de Hispanoamérica a la literatura en lengua española, y la más importante y trascendental renovación poética de ésta desde el Siglo de Oro.

Como el modernismo era una nueva forma de expresarse literariamente, no existía una palabra adecuada para nombrarla y clasificarla. La palabra modernismo

---

3. Rubén Darío, «Autobiografía». *Obras completas* (Madrid, Afrodisio Aguado, S. A., 1950), I, 128.
4. Ibíd., pág. 147.
5. Citado por Ricardo Gullón en su ensayo de introducción al libro de Juan Ramón Jiménez titulado: *El modernismo: notas de un curso* (1953) (México: Aguilar, 1962). pág. 17.

no aparecía en el Diccionario de la Real Academia Española en aquella época. Rubén Darío la utilizó varias veces en distintos escritos —artículos periodísticos y prólogos de libros— y como consecuencia de ello llegó a convertirse en el nombre permanente de la nueva expresión estilística literaria.

Aunque el modernismo se promovió en la América española, y Rubén Darío fue quien lo hizo triunfar definitivamente en Hispanoamérica y en España, ello no significa que en ésta no hubiera, por aquella época, algunos poetas en los que se advierte el interés en emplear mayor diversidad de metros y combinaciones; entre éstos están Manuel Reina (1856-1905), Ricardo Gil (1855-1908) y Salvador Rueda (1857-1933). De los tres, el más destacado y decidido renovador fue Salvador Rueda, cuyas innovaciones parecieron audaces en España por aquella época, que mostró gran interés por la literatura hispanoamericana, y que, en definitiva, se sumó al movimiento modernista; sin embargo, sus modernidades no han tenido trascendencia, y actualmente es un poeta prácticamente olvidado.

En España hubo notables escritores de estilo modernista, pues la influencia hispanoamericana llegó a tener arraigo allí. Entre ellos se debe mencionar a Ramón del Valle Inclán (1866-1936), poeta y prosista, una de las cumbres de la literatura peninsular del siglo XX; a Manuel Machado (1874-1947), hermano de Antonio, cuya poesía se caracteriza por la sensualidad, el humor y el andalucismo; y a Juan Ramón Jiménez (1881-1958), uno de los mayores poetas españoles —Premio Nobel de Literatura, 1956— aunque éste, en definitiva, evolucionó hacia la poesía "pura" que él llamó "desnuda", y fue el maestro de los posmodernistas. Hay otros autores españoles cuyas obras denotan la influencia del modernismo en España, pero no es el objetivo de este estudio relacionarlos a todos, y mucho menos estudiarlos minuciosamente, lo mencionado basta para demostrar que el modernismo también echó raíces en España.

Por último, es necesario añadir que mientras en América se propagaba el modernismo, en España aparecía, alrededor del año 1898, un grupo de jóvenes escritores disconformes con su realidad circundante que han sido clasificados con la denominación de "generación del 98", aunque escribían independientemente y tenían personalidades y estilos muy diferentes. Se ha discutido mucho si esos escritores españoles constituyen o no una "generación literaria". No es necesario entrar aquí en el fondo de esta controvertida cuestión, pues el término "generación del 98" ya está consagrado por el uso y es muy útil para el estudio del referido grupo español.

Los estudios sobre la generación del 98 y el modernismo han permitido conocerlos, delimitarlos y diferenciarlos, y conocer quiénes son sus respectivos integrantes. Actualmente se incluye dentro del modernismo a los autores ya mencionados, tanto hispanoamericanos como españoles, más otros muchos, principalmente de América. En la generación del 98 se encuadra, en general, y sin entrar en la polémica sobre el término "generación", a Miguel de Unamuno, Antonio Machado, José Martínez Ruiz (Azorín), Pío Baroja, Ramiro de Maeztu, Ramón del Valle Inclán y Jacinto Benavente — Premio Nobel de Literatura, 1922.

RUBER DARÍO: SU VIDA

Rubén Darío nació en Metapa, Nicaragua, el 18 de enero de 1867. Era hijo legítimo de don Manuel García y de doña Rosa Sarmiento. El niño fue bautizado Félix Rubén, por lo que su nombre legal era Félix Rubén García y Sarmiento. ¿Por qué se llama el poeta Rubén Darío? Un tatarabuelo del poeta tenía por nombre Darío. En la pequeña población todo el mundo lo conocía por "don Darío". Los hijos e hijas de este señor fueron conocidos por "los Darío", y de ahí quedó la costumbre de llamar a toda esa familia con el apellido de Darío.

Los padres del poeta se separaron un poco antes de nacer el niño. Este vivió algún tiempo con su madre en San Marcos de Colón, Honduras, y después pasó a León, Nicaragua, al cuidado de su tía abuela materna doña Bernarda Sarmiento de Ramírez, esposa del coronel Félix Ramírez, cuyo nombre "Félix" se le puso al niño en el bautizo. Este llegó a olvidar sus primeros recuerdos, la imagen de su madre se había borrado de su memoria, y se crió como hijo del coronel y de su esposa. Cuando llegó a tener uso de razón creyó que ellos eran sus padres, y usaba el apellido Ramírez, y a su padre le llamaba "tío Manuel".

Es indudable que Rubén Darío fue un niño precoz en el aprender. A los tres años sabía leer. Nadie le enseñó a escribir versos, era algo natural en él, congénito. Alrededor de los once años compuso sus primeros versos y desde entonces nunca dejó de escribirlos hasta su muerte. A los trece años ya habían aparecido publicados sus versos en un periódico local, *El Termómetro*. Los periódicos continuaron publicando sus versos y su nombre empezó a ser conocido, y tanto en Nicaragua como en las otras repúblicas centroamericanas se le llamó "el niño poeta". A los catorce años ya publicaba artículos de oposición al gobierno de su patria en el periódico *La Verdad,* de León, Nicaragua, y enseñaba gramática en un colegio.

Como su fama crecía, un grupo de políticos lo llevo a la capital, Managua, y presentaron una moción al congreso para que fuese enviado por cuenta de la nación a educarse en Europa, pero el Presidente de la República oyó al joven poeta recitar unos versos llenos de radicalismo antirreligioso y le negó la pensión. Entonces sus amigos le consiguieron un empleo en la Biblioteca Nacional. Este trabajo fue muy provechoso para Rubén Darío, pues allí pasó largos meses leyendo mucho y adquirió una gran cultura clásica, echando las bases de una erudición que aumentó aún más su renombre de "poeta niño" y que, con el correr de los años, sería portentosa.

Rubén Darío fue tan precoz en sus enamoramientos como en su poesía. Ya había estado enamorado varias veces cuando, contando poco más de catorce años, decidió casarse. Sus amigos comprendieron que era una locura y en seguida le reunieron el dinero necesario y lo embarcaron para la República de El Salvador. Allí, al igual que en todos los lugares que visitó o donde vivió, buscó la amistad de los intelectuales, especialmente los hombres de letras de prestigio. Tenía diecisiete años de edad cuando el Presidente de El Salvador le concedió el honor de que abriese oficialmente la velada solemne conmemorativa del centenario de Simón Bolívar. Al año siguiente (1884) volvió a su patria, donde trabajó en la secretaría presidencial.

En 1886, por una desilución amorosa se embarcó para Chile. Allí trabajó como periodista en *El Mercurio* y *La Epoca,* de Santiago, y en *El Heraldo,* de Valparaíso. En la redacción de *La Epoca* conoció a lo más granado de la intelectualidad santiaguina, pues la redacción de aquel periódico era su centro de reunión. Entre aquellos intelectuales estaba Pedro Balmaceda, hijo del Presidente de la

República. En la bien nutrida biblioteca del joven Balmaceda, Rubén Darío leyó ávidamente, especialmente libros de autores franceses. La estancia en Chile fue muy provechosa para el joven poeta, que publicó varios libros, y entre ellos *Azul* (1888) que tuvo una repercusión extraordinaria en todo el mundo de lengua española, pero su situación económica era mala y decidió volver a Nicaragua.

En 1889 Darío emprendió el viaje de regreso a su patria. Poco antes había obtenido el nombramiento de corresponsal del famoso periódico argentino *La Nación*, cargo que fue de capital importancia para él, pues a partir de ese nombramiento nunca dejó de escribir para aquel gran periódico, y muchas veces ese trabajo fue su principal o única fuente de ingresos. Algún tiempo después, estando en Nicaragua, sus amigos volvieron a embarcarlo apresuradamente para El Salvador a consecuencia de otro asunto sentimental. Allí fue nombrado director del diario *La Unión* por el Presidente de la República.

En El Salvador se casó por lo civil con la señorita Rafaela Contreras el día 22 de junio de 1890, quedando la boda religiosa aplazada para otro día, pero ésta no pudo efectuarse porque la misma noche de la boda civil estalló una revolución y Rubén Darío tuvo que huir solo al día siguiente para Guatemala, donde el Presidente de la República lo nombró director del periódico *El Correo de la Tarde*. Siete meses después Rubén Darío hizo que su esposa viniera a reunirse con él en Guatemala, donde se celebró el matrimonio religioso. Meses más tarde el poeta emprendió viaje hacia Costa Rica junto con su esposa, donde nació su primer hijo, Rubén Darío Contreras, pero por razones económicas regresó solo a Guatemala.

Estaba en dicho país cuando recibió la noticia de que el gobierno de su patria lo había nombrado miembro de la delegación que Nicaragua enviaba a España con motivo de las fiestas del IV Centenario del Descubrimiento de América (1892). Se lo informó por carta a su esposa, que se había quedado sola en Costa Rica con su hijo, e inmediatamente partió solo hacia España. Allí fue muy bien acogido por todos, y se relacionó con las más destacadas figuras literarias y políticas, como Cánovas del Castillo, Castelar, Juan Valera, Menéndez Pelayo, Emilia Pardo Bazán, Núñez de Arce, Campoamor, José Zorrilla y otros. Cumplida su misión, volvió a su patria pocas semanas después.

Estando el poeta de vuelta en León, Nicaragua, recibio la noticia del fallecimiento de su esposa en San Salvador; fue un rudísimo golpe. Para olvidar el dolor, Rubén Darío permaneció en estado de inconsciencia por medio de bebidas alcohólicas durante ocho días. Algún tiempo después fue a la capital, Managua, y allí le pasó el caso más novelesco y fatal de su vida, el matrimonio forzado con Rosario Trujillo, a quien él no amaba verdaderamente y con quien no pudo formar nunca un hogar. Unos dos meses más tarde, estando en Panamá, recibió el nombramiento de cónsul de Colombia en Buenos Aires. Inmediatamente embarcó para la ciudad del Río de la Plata vía Nueva York-París. París había sido siempre el sueño dorado de Rubén Darío. Allí permaneció mientras le alcanzó el dinero que llevaba, y conoció al poeta Paul Verlaine e intimó con Charles Maurice y Jean Moréas.

En Buenos Aires tuvo una calurosa acogida. Los grandes periódicos le dieron la bienvenida. Se vio rodeado por un crecido grupo de escritores que lo reconocieron como el maestro. Sus amigos fueron los hombres más ilustres del mundo literario de la capital bonaerense. Darío permaneció en Buenos Aires cinco años, que fueron muy provechosos para él y el modernismo. Allí fundó la *Revista América* —junto con Ricardo Jaimes Freyre— que fue de extraordinaria importancia para la formación y propagación del modernismo, y escribió continuamente en *La Nación* y otros grandes diarios argentinos. Y allí publicó sus libros *Los raros* (1896) y *Prosas Profanas* (1896) que lo consagraron como el máximo representante del modernismo, y por ende de la nueva forma de pensar y del nuevo estilo de escribir, a pesar de la despiadada crítica de que fue objeto por parte de los escritores apegados a los viejos moldes.

En 1898 *La Nación* envió a Rubén Darío a España para que informara sobre el estado de aquella nación después del desastre de la guerra con los Estados Unidos. El nicaragüense volvió a ser recibido con indudables muestras de reconocimiento de su maestría. Buscó el alma de España en todas las manifestaciones de la vida española. Encontró una España diferente de la que había conocido seis años antes. Los viejos maestros de las letras estaban siendo sustituidos por una generación nueva y pujante: Unamuno, Azorín, Benavente, los Machado, Pío Baroja, Maeztu, Valle-Inclán, Villaespesa, Juan Ramón Jiménez, Marquina y otros. Producto de sus sagaces observaciones fueron muchos trabajos periodísticos publicados en *La Nación* y diversas revistas españolas, y sus libros *España Contemporánea* (1901) y *Peregrinaciones* (1901).

En 1900, con motivo de la Exposición Universal de París, Darío se trasladó a dicha ciudad y fijó su residencia allí, aunque hacía frecuentes viajes a otros países, como España, Italia, Bélgica, Alemania, Inglaterra, Austria y Hungría. En 1905, siendo cónsul de Nicaragua en París, su gobierno lo nombró miembro de la Comisión de Límites con Honduras, pleito que había sido sometido al arbitraje del Rey de España, y volvió a la madre patria. También en ese año representó a su patria como delegado especial en las fiestas del tercer centenario del Quijote. Igualmente en ese año publicó su libro *Cantos de Vida y Esperanza,* que, en general, se considera su mejor libro de poemas. Durante su estancia en España, toda la intelectualidad madrileña le rindió pleitesía como al altísimo poeta que era.

En 1906 asistió a la Conferencia Panamericana de Río de Janeiro como secretario de la Delegación de Nicaragua. Después, por motivos de salud, se trasladó a Buenos Aires. En ambos lugares el gran escritor fue agasajado y honrado, pero su salud empeoraba. Regresó a París, y después fue a Palma de Mallorca para curarse y reponer sus agotadas energías vitales. En 1907 publicó otro de sus grandes libros de poemas, *El canto errante,* y en ese mismo año, después de dieciocho años de ausencia de su patria, volvió a Nicaragua. El gobierno, las autoridades y todo el pueblo recibieron apoteósicamente al ilustre compatriota que le había dado a Nicaragua su mayor gloria. Los festejos y los honores lo acompañaron desde que pisó tierra nicaragüense hasta que llegó a la capital. El gobierno lo declaró huésped de honor de la República y lo nombró embajador y ministro de Nicaragua en España. Rubén Darío había llegado al apogeo de su gloria. Volvió a Madrid como representante de su patria. Vivió allí y en París. Al estallar la Primera Guerra Mundial regresó a América en viaje en favor de la paz. Su salud empeoraba, y en 1916 murió en Nicaragua.

Resumiendo la vida de Rubén Darío, puede decirse que su extraordinario genio poético fue visible desde temprana edad, y que dedicó toda su vida al cultivo de la poesía y de la prosa con un acendrado sentido estético. Tuvo copiosas dificultades económicas toda su vida, no tanto porque careciera de trabajos que le permitieran vivir decentemente, sino porque no tenía sentido administrativo y malgastaba el dinero. Además, porque estaba dotado de un espíritu refinado y aristocrático y le gustaba gastar como un príncipe. Aunque fue de temperamento sensual y enamorado, no tuvo nunca un gran amor o una gran mujer que lo ayudara o lo obligara a encaminar y dirigir su vida, que fue tormentosa y errante. En su conducta como hombre cometió errores y tuvo grandes debilidades, pero en su trabajo como hombre de letras no tuvo nunca claudicaciones ni debilidades. Fue exigente consigo mismo en su labor artística, y tenía veneración por su arte.

RUBEN DARÍO: SU OBRA

Rubén Darío escribió abundantemente, tanto en prosa como en verso. Gran parte de su obra en prosa apareció en diversos periódicos y revistas, especialmente en *La Nación*, de Buenos Aires. Sus escritos en prosa consisten en cuentos, reportajes, descripciones de viajes, pueblos y paisajes, entrevistas, relatos anecdóticos, y variadísimos juicios críticos sobre arte, teatro, periodismo, novelistas, escritores, poetas y políticos; en fin, sobre asuntos de naturaleza artística, sociológica o política.

La prosa de Rubén Darío es siempre pulida, bella, exquisita, castiza, y al mismo tiempo muy original, diferente, llena de giros, expresiones y neologismos revolucionarios, especialmente en sus cuentos. Todos sus escritos en prosa llevan la marca de su original y poderosa individualidad como prosista de capacidad extraordinaria y estilo novísimo.

Su primer libro en prosa fue *Los raros* (1886), formado por una serie de breves ensayos en forma de retratos relampagueantes donde expone al lector, en apretada síntesis, lo más profundo, íntimo, novedoso o sobresaliente de sus biografiados. Estos eran figuras literarias de gran interés para los modernistas, principalmente simbolistas franceses, a muchos de los cuales dio a conocer en América por medio de estas semblanzas. Entre los franceses aparecen nombres como los de Leconte de Lisle y Paul Verlaine, pero también resaltan escritores tan diferentes e interesantes como el norteamericano Edgar Allan Poe, el cubano José Martí,[6] el noruego Henrik Ibsen, el portugués Eugenio de Castro, y hasta la figura medieval de Fra Domenico Cavalca, y otros muchos.

Este libro es de valor indiscutible por su prosa nueva y magistral y por las figuras estudiadas, todo lo cual revela una nueva orientación estética. También es un documento de interés histórico-literario para conocer aquella época a través de la interpretación de los hombres y las ideas que nos da Rubén Darío. Este le puso el título *Los raros* con el fin de señalar a sus biografiados como seres extraordinarios, poco comunes, extraños, peregrinos o insignes.

Otros de sus grandes libros en prosa son: *España Contemporánea* (1901) y *Peregrinaciones* (1901) dedicados a describir y enjuiciar la situación de España después de la derrota de 1898; *La Caravana pasa* (1903) y *Tierras Solares* (1904) que contienen relatos de sus viajes por tierras europeas; y la *Historia de mis libros* y su *Autobiografía* (aparecidos ambos en 1912, el primero en *La Nación* y el segundo en *Caras y Caretas*, Buenos Aires) que están llenos de interesantes y curiosos datos autobiográficos. Todos los libros mencionados son de prosa no narrativa, es decir, no son libros de cuentos. No obstante, llevan la marca indeleble de la transformación efectuada por Rubén Darío en la prosa castellana.

Dicha transformación es más visible en su prosa narrativa: cuentos y poemas en prosa. Aunque Rubén Darío ya había publicado algunos cuentos en periódicos y revistas, la publicación de *Azul* (1888), su primer libro de cuentos, fue una verdadera revelación para el mundo de las letras hispánicas, especialmente después del reconocimiento público del valor del libro y de su autor por el crítico y literario español Juan Valera.

Azul tiene una parte en prosa y otra en verso. La prosa está constituida por una colección de cuentos breves de un alto nivel artístico y un mínimo de acción,

---

6. Este ensayo sobre José Martí es una necrología con motivo de su muerte en el combate de Dos Ríos, en Cuba. Véase en las páginas 103-112 de este libro, *Rubén Darío: Prosa y Poesía.*

en los que predomina la creación artística y la emoción lírica sobre el elemento narrativo. El estilo es poético, elegante y distinguido. Los ambientes son refinados, y algunas veces exóticos —salvo en "El fardo", que es naturalista, aunque no tiene nada burdo. La prosa está bellamente cincelada con primor y esmero extraordinarios.

Rubén Darío fue un verdadero maestro de la prosa, no solamente por haber sido el que señaló a sus contemporáneos las posibilidades enormes de la transformación de la prosa castellana, sino porque lo demostró y probó tanto en la prosa narrativa como en la no narrativa. La renovación de Rubén Darío en la prosa es tan importante como la de la poesía, aunque aquélla ha sido menos notada que ésta porque el verso se prestaba más para innovaciones geniales. Pero a pesar de su manifiesta grandeza como prosista, su fama como poeta ha hecho que muy a menudo se olvide su mérito indiscutible como escritor en prosa. El propio Rubén Darío se consideraba poeta antes que nada.

La obra poética de Rubén Darío es muy abundante, y permite descubrir con relativa facilidad su evolución estética. Sus versos y libros anteriores a *Azul*, es decir, hasta los veinte años, revelan ya sus lecturas y muchas de las características que luego han de convertirlo en el famoso maestro y jefe del modernismo, pero todavía muestran la vinculación del poeta a los patrones tradicionales de la poética castellana.

Los poemas de *Azul* —recuérdese que *Azul* es un libro en prosa y en verso— son diferentes; no presentan aún todas las innovaciones revolucionarias que el poeta iba a realizar posteriormente. Pero ya se puede percibir una libertad artística nueva, una acendrada sensibilidad poética, y un gran dominio del ritmo, el sonido y el color, todo lo cual demuestra la busca de la belleza y de la perfección poética por nuevos senderos. Por todo ello —además de las innovaciones ˙de la prosa narrativa— *Azul* señala un hito fundamental en la trayectoria de Rubén Darío.

El libro de poemas que siguió a *Azul, Prosas Profanas* (1896), lo consagró definitivamente como poeta. Es el libro donde se encuentra en mayor grado la afinidad con

fechas muy diversas, desde 1890 hasta 1907; de ahí viene el título del libro, porque "El cantor va por todo el mundo sonriente o meditabundo".[9] Las variadas composiciones de este libro representan diferentes facetas del autor: el culto estético, el tono político y social americano, el sentimiento de raza, la meditación sobre temas universales como la fe y la fugacidad de la vida, y otros aspectos de su vida interior.

Tres años después publicó su penúltimo libro de poesías, *Poemas del otoño y otros poemas*. Este volumen es bastante pequeño, y contiene poemas muy diversos. En el que le sirve de título, el autor medita sobre temas fundamentales de la vida: "Tú que estás la barba en la mano/ meditabundo,/ ¿has dejado pasar, hermano,/ la flor del mundo?"[10] En "Retorno", habla de su tierra natal, León, de Nicaragua. En otro ensalza magistralmente a Gabriela Mistral. Estos ejemplos demuestran la heterogeneidad del libro, lo que, por otro lado, no es nada nuevo, pues una de las características de la obra de Rubén Darío es su vastedad.

Su último libro de poemas, *Canto a la Argentina y otros poemas* (1914), tampoco es extenso. Su composición principal es el "Canto a la Argentina", que es muy largo, 1001 versos, donde recuerda el pasado de dicha nación y le augura un futuro de gloria bajo el trabajo y la paz. Entre las composiciones de este volumen es muy famosa la titulada "La Cartuja", poema de tono confesional en que es evidente el dualismo de la naturaleza del autor, su lucha entre el espíritu y la materia, el arrepentimiento y la imposibilidad de vencer a su naturaleza sensual: su debilidad. También son dignos de mención, entre los de este libro, "Los motivos del lobo" y "La canción de los osos."

Además de los poemas coleccionados por el autor en forma de libro, hay otros muchos que sólo aparecieron en periódicos o revistas, o que nunca fueron publicados durante su vida. Todos son ahora asequibles al lector. Algunos de esos poemas póstumos permiten

---

9. «El canto errante». Véase *Rubén Darío: Prosa y Poesía*, pág. 185.
10. «Poema del otoño». Ibíd., pág. 201.

conocer la tristeza, la angustia, la incertidumbre y el sentimiento de desamparo que sintió durante los últimos años de su vida, como en aquél donde dice: "lazarillo de Dios en mi sendero,/ Francisca Sánchez acompáñame.../ ¡Hacia la fuente de noche y de olvido,/ Francisca Sánchez, acompáñame!",[11] dirigido a la humilde campesina española abulense que vivió con él en sus últimos años, y que le dio en unión extramatrimonial su segundo hijo: Rubén Darío Sánchez.

El estudio de la obra total de Rubén Darío demuestra que era un escritor que tenía una sed perenne de armonía y belleza, y que como artista siempre aspiró a los valores supremos, y así lo expresa en sus "Dilucidaciones" de *El canto errante.* "Como hombre he vivido en lo cotidiano; como poeta, no he claudicado nunca, pues siempre he tendido a la eternidad."[12]

Es un error ya plenamente superado creer que su poesía es superficial. La maestría formal de Rubén Darío no significa necesariamente la superficialidad. El, en las citadas "Dilucidaciones", dijo: "Jamás he manifestado el culto exclusivo de la palabra por la palabra."[13] La verdad es que cantó con voz magistral el espectáculo extraordinario de la naturaleza y el misterio del alma humana. En otra parte de esas mismas dilucidaciones dice: "Es el Arte el que vence el espacio y el tiempo. He meditado ante el problema de la existencia y he procurado ir hacia la más alta idealidad. He expresado lo expresable de mi alma y he querido penetrar en el alma de los demás, y hundirme en la vasta alma universal."[14]

El estudio de la temática de su obra poética revela una naturaleza apasionada, honda y sincera, acuciada por sentimientos sensuales, eróticos, que el poeta no logra domeñar. Igualmente muchos momentos de ansiedad, de duda, de incertidumbre, de arrepentimiento, y de temor en el futuro después de la muerte, lo cual es

---

11. Ibíd., pág. 225.
12. Ibíd., pág. 181.
13. Ibíd., pág. 182.
14. Ibíd., pág. 180.

prueba de una lucha prolongada y agónica. También hay poemas cargados de preocupaciones sobre el porvenir de América y la confrontación de las dos Américas, la hispánica y la sajona. Es fácil advertir que éstos no son temas triviales, superficiales o futiles, y, por el contrario, prueban que en su poesía hay muchos motivos profundos.

En resumen: ya fuera en prosa o en verso, y siempre con su habitual maestría, unas veces con versos rutilantes, y otras con versos de magistral sencillez, Rubén Darío manifestó muchas veces sus ideas y sus sentimientos sobre temas de trascendencia universal, como la vida, la muerte y el amor, y asimismo sus dudas, sus desasosiegos, sus alegrías, sus dolores, y su búsqueda de Dios.

Rubén Darío es ya un clásico de las letras hispánicas, y un altísimo poeta entre los grandes del mundo. Su estudio es imprescindible para conocer a fondo la literatura de la lengua española, pero, además, es un exquisito deleite por su estilo magistral, noble, bello, soberbio, al mismo tiempo que muchas veces es conmovedor, perturbador, por la hondura y la trascendencia de muchos de sus poemas.

PROSA NARRATIVA

EL REY BURGUÉS

(Cuento alegre)

¡Amigo! El cielo está opaco, el aire frío, el día triste. Un cuento alegre..., así como para distraer las hermosas y grises melancolías, helo aquí:

*

Había en una ciudad inmensa y brillante un rey muy poderoso, que tenía trajes caprichosos y ricos, esclavas desnudas, blancas y negras, caballos de largas crines, armas flamantísimas, galgos rápidos y monteros con cuernos de bronce, que llenaban el viento con sus fanfarrias. ¿Era un rey poeta? No, amigo mío: era el Rey Burgués.

*

Era muy aficionado a las artes el soberano, y favorecía con gran largueza a sus músicos, a sus hacedores de ditirambos, pintores, escultores, boticarios, barberos y maestros de esgrima.

*

Cuando iba a la floresta, junto al corzo o jabalí herido y sangriento, hacía improvisar a sus profesores de retóricas canciones alusivas; los criados llenaban las copas de vino de oro que hierve, y las mujeres batían palmas con movimientos rítmicos y gallardos. Era un rey sol, en su Babilonia* llena de músicas, de carcajadas y de ruido de festín. Cuando se hastiaba de la ciudad bullente, iba de caza atronando el bosque con sus tropeles, y hacía salir de sus nidos a las aves asustadas, y el vocerío repercutía en lo más escondido de las cavernas.

Los perros de patas elásticas iban rompiendo la maleza en la carrera, y los cazadores, inclinados sobre el pescuezo de los caballos, hacían ondear los mantos purpúreos y llevaban las caras encendidas y las cabelleras al viento.

*

El rey tenía un palacio soberbio donde había acumulado riquezas y objetos de arte maravillosos. Llegaba a él por entre grupos de lilas y extensos estanques, siendo saludado por los cisnes de cuellos blancos, antes que por los lacayos estirados. Buen gusto. Subía por una escalera llena de columnas de alabastro y de esmaragdina, que tenía a los dos lados leones de mármol, como los de los troncos salomónicos. Refinamiento. A más de los cisnes, tenía una vasta pajarera, como amante de la armonía, del arrullo, del trino; y cerca de ella iba a ensanchar su espíritu, leyendo novelas de M. Ohnet,* o bellos libros sobre cuestiones gramaticales, o críticas hermosillescas. Eso sí, defensor acérrimo de la corrección académica, en letras, y del modo lamido en artes; alma sublime amante de la lija y de la ortografía.

*

¡Japonerías!* ¡Chinerías!* Por lujo y nada más.
Bien podía darse el placer de un salón digno del gusto de un Goncourt* y de los millones de un Creso, quimeras de bronce con las fauces abiertas y las colas enroscadas, en grupos fantásticos y maravillosos; lacas de Kioto* con incrustaciones de hojas y ramas de una flora monstruosa, y animales de una fauna desconocida; mariposas de raros abanicos junto a las paredes, peces y gallos de colores; máscaras de gestos infernales y con ojos como si fuesen vivos; partesanas de hojas antiquísimas y empuñaduras con dragones devorando flores de loto; y en conchas de huevo, túnicas de seda amarillas, como tejidas con hilos de araña, sembradas de garzas rojas y de verdes matas de arroz; y tibores, porcelanas de muchos siglos, de aquellas en que hay guerreros tártaros con una piel que les cubre hasta los riñones, y que llevan arcos estirados y manojos de flechas.

Por lo demás, había el salón griego, lleno de mármoles: diosas, musas, ninfas y sátiros; el salón de los tiempos galantes, con cuadros del gran Watteau* y de Chardin;* dos, tres, cuatro, ¡cuántos salones!

Y Mecenas* se paseaba por todos, con la cara inundada de cierta majestad, el vientre feliz y la corona en la cabeza, como un rey de naipe.

Un día le llevaron una rara especie de hombre ante su trono, donde se hallaba rodeado de cortesanos, de retóricos y de maestros de equitación y de baile.

—¿Qué es eso? —preguntó.

—Señor, es un poeta.

El rey tenía cisnes en el estanque, canarios, gorriones, cenzontles en la pajarera: un poeta era algo nuevo y extraño.

—Dejadle aquí.

Y el poeta:

—Señor, no he comido.

Y el rey:

—Habla y comerás.

Comenzó.

*

—Señor, ha tiempo que yo canto el verbo del porvenir. He tendido mis alas al huracán, he nacido en el tiempo de la aurora: busco la raza escogida que debe esperar, con el himno en la boca y la lira en la mano, la salida del gran sol. He abandonado la inspiración de la ciudad malsana, la alcoba llena de perfumes, la musa de carne que llena el alma de pequeñez y el rostro de polvos de arroz. He roto el arpa adulona de las cuerdas débiles, contra las copas de Bohemia y las jarras donde espumea el vino que embriaga sin dar fortaleza; he arrojado el manto que me hacía parecer histrión o mujer, y he vestido de modo salvaje y espléndido; mi harapo es de púrpura. He ido a la selva donde he quedado vigoroso y ahíto de leche fecunda y licor de nueva vida; y en la ribera del mar áspero, sacudiendo la cabeza bajo la fuerte y negra tempestad, como un ángel soberbio, o como un semidiós olímpico, he ensayado el yambo dando al olvido el madrigal...

He acariciado a la gran **Naturaleza,** y he buscado el calor del ideal, el verso que está en el astro en el fondo del cielo, y el que está en la perla en lo profundo del océano. ¡He querido ser pujante! Porque viene el tiempo de las grandes revoluciones, con un Mesías todo luz, todo agitación y potencia, y es preciso recibir su espíritu con el poema que sea arco triunfal, de estrofas de acero, de estrofas de oro, de estrofas de amor.

¡Señor, el arte no está en los fríos envoltorios de mármol, ni en los cuadros lamidos, ni en el excelente señor Ohnet!* ¡Señor! El arte no viste pantalones, ni habla en burgués, ni pone los puntos en todas las íes. El es augusto, tiene mantos de oro, o de llamas, o anda desnudo, y amasa la greda con fiebre, y pinta con luz, y es opulento, y da golpes de ala como las águilas o *zarpazos* como los leones. Señor, entre un Apolo* y un ganso, preferid el Apolo*, aunque el uno sea de tierra cocida y el otro de marfil.

¡Oh, la poesía!

¡Y bien! Los ritmos se prostituyen, se cantan los lunares de las mujeres y se fabrican jarabes poéticos. Además, señor, el zapatero critica mis endecasílabos, y el señor profesor de farmacia pone puntos y comas a mi inspiración. Señor, ¡y vos lo autorizáis todo esto!... El ideal, el ideal...

El rey interrumpió:

—Ya habéis oído. ¿Qué hacer?

Y un filósofo al uso:

—Si lo permitís, señor, puede ganarse la comida con una caja de música; podemos colocarle en el jardín, cerca de los cisnes, para cuando os paseéis.

—Sí —dijo el rey; y dirigiéndose al poeta—: Daréis vueltas a un manubrio. Cerraréis la boca. Haréis sonar una caja de música que toca valses, y cuadrillas y galopas, como no prefiráis moriros de hambre. Pieza de música por pedazo de pan. Nada de jerigonzas ni de ideales. Id.

Y desde aquel día pudo verse a la orilla del estanque de los cisnes al poeta hambriento que daba vueltas al manubrio: tiriririrín, tiriririrín..., ¡avergonzado a las miradas del gran sol! ¿Pasaba el rey por las cercanías? ¡Tirirín, tirirín!... ¿Había que llenar el estómago? ¡Tirirín! Todo entre las burlas de los pájaros libres que llegaban a beber rocío en las lilas floridas; entre el zumbido de las abejas que le picaban el rostro y le llenaban los ojos de lágrimas..., ¡lágrimas amargas que rodaban por sus mejillas y que caían a la tierra negra!

Y llegó el invierno, y el pobre sintió frío en el cuerpo y en el alma. Y su cerebro estaba como petrificado, y los grandes himnos estaban en el olvido, y el poeta de la montaña coronada de águilas no era sino un pobre diablo que daba vueltas al manubrio: ¡tirirín!

Y cuando cayó la nieve se olvidaron de él el rey y sus vasallos; a los pájaros se les abrigó, y a él se le dejó al aire glacial que le mordía las carnes y le azotaba el rostro.

Y una noche en que caía de lo alto la lluvia blanca de plumillas cristalizadas, en el palacio había festín, y la luz de las arañas reía alegre sobre los mármoles, sobre el oro y sobre las túnicas de los mandarines de las viejas porcelanas. Y se aplaudían hasta la locura los brindis del señor profesor de retórica, cuajados de dáctilos, de anapestos y de pirriquios, mientras en la copas cristalinas hervía el champaña con su burbujeo luminoso y fugaz. ¡Noche de invierno, noche de fiesta! Y el infeliz, cubierto de nieve, cerca del estanque, daba vueltas al manubrio para calentarse tembloroso y aterido, insultado por el cierzo bajo la blancura implacable y helada, en la noche sombría, haciendo resonar entre los árboles sin hojas la música loca de las galopas y cuadrillas; y se quedó muerto, pensando en que nacería el sol el día venidero, y con él el ideal... y en que el arte no vestiría pantalones sino manto de llamas de oro... Hasta que al día siguiente lo hallaron el rey y sus cortesanos, al pobre diablo de poeta, como gorrión que mata el hielo, con una sonrisa amarga en los labios, y todavía con la mano en el manubrio.

¡Oh mi amigo! El cielo está opaco, el aire frío, el día triste. Flotan brumosas y grises melancolías...

Pero ¡cuánto calienta el alma una frase, un apretón de manos a tiempo! Hasta la vista.

EL SÁTIRO SORDO
(Cuento griego)

Habitaba cerca del Olimpo* un sátiro, y era el viejo rey de su selva. Los dioses le habían dicho: "Goza, el bosque es tuyo; sé un feliz bribón, persigue ninfas y suena tu flauta." El sátiro se divertía.

*

Un día que el padre Apolo* estaba tañendo la divina lira, el sátiro salió de sus dominios y fue osado a subir el sacro monte y sorprender al dios crinado. Este le castigó tornándole sordo como una roca. En balde de las espesuras de la selva llena de pájaros se derramaban los trinos y emergían los arrullos. El sátiro no oía nada. Filomena* llegaba a cantarle sobre su cabeza, enmarañada y coronada de pámpanos, canciones que hacían detenerse los arroyos y enrojecerse las rocas pálidas. Él permanecía impasible, o lanzaba sus carcajadas salvajes y saltaba lascivo y alegre cuando percibía por el ramaje lleno de brechas alguna cadera blanca y rotunda que acariciaba el sol con su luz rubia. Todos los animales le rodeaban como a un amo a quien se obedece.

A su vista, para distraerle, danzaban coros de bacantes encendidas en su fiebre loca, y acompañaban la armonía, cerca de él, faunos adolescentes, como hemosos efebos, que le acariciaban reverentemente con su sonrisa; y aunque no escuchaba ninguna voz, ni el ruido de los crótalos, gozaba de distintas maneras. Así pasaba la vida este rey barbudo, que tenía patas de cabra.

Era sátiro caprichoso.

Tenía dos consejeros áulicos: una alondra y un asno. La primera perdió su prestigio cuando el sátiro se volvió sordo. Antes, si cansado de su lascivia soplaba su flauta dulcemente, la alondra le acompañaba.

Después en su gran bosque, donde no oía ni la voz del olímpico trueno, el paciente animal de las largas orejas le servía para cabalgar, en tanto que la alondra, en los apogeos del alba, se le iba de las manos, cantando camino de los cielos.

La selva era enorme. De ella tocaba a la alondra la cumbre; al asno, el pasto. La alondra era saludada por los primeros rayos de la aurora; bebía rocío en los retoños, despertaba al roble diciéndole: "Viejo roble, despiértate." Se deleitaba con un beso de sol: era amada por el lucero de la mañana. Y el hondo azul, tan grande, sabía que ella, tan chica, existía bajo su inmensidad. El asno (aunque entonces no había conversado con Kant)* era experto en filosofía, según el decir común. El sátiro, que le veía ramonear en la pastura, moviendo las orejas con aire grave, tenía alta idea del pensador. En aquellos días el asno no tenía como hoy tan larga fama. Moviendo sus mandíbulas, no se habría imaginado que escribiesen en su loa Daniel Heinsius,* en latín, Passerat,* Buffon* y el gran Hugo,* en francés, Posada y Valderrama, en español.

Él, pacienzudo, si le picaban las moscas, las espantaba con el rabo, daba coces de cuando en cuando y lanzaba bajo la bóveda del bosque el acorde extraño de su garganta. Y era mimado allí. Al dormir su siesta sobre la tierra negra y amable, le daban su olor las hierbas y las flores. Y los grandes árboles inclinaban sus follajes para hacerle sombra.

Por aquellos días, Orfeo,* poeta, espantado de la miseria de los hombres, pensó huir a los bosques, donde los troncos y las piedras le comprenderían y escucharían con éxtasis, y donde él podría temblar de armonía y fuego de amor y de vida al sonar de su instrumento.

Cuando Orfeo* tañía su lira había sonrisa en el rostro apolíneo. Deméter* sentía gozo. Las palmeras derramaban su polen, las semillas reventaban, los leones movían blandamente su crin. Una vez voló un clavel de su tallo hecho mariposa roja, y una estrella descendió fascinada y se tornó flor de lis.

¿Qué selva mejor que la del sátiro, a quien él encantaría, donde sería tenido como un semidiós; selva toda alegría y danza y belleza y lujuria; donde ninfas y bacantes eran siempre acariciadas y siempre vírgenes; donde había uvas y rosas y ruidos de sistros, y dondé el rey caprípede bailaba delante de sus faunos beodos y haciendo gestos como Sileno?*

Fue con su corona de laurel, su lira, su frente de poeta orgulloso, erguido y radiante.

Llegó hasta donde estaba el sátiro velludo y montaraz, y para pedirle hospitalidad, cantó. Cantó del gran Jove,* de Eros* y de Afrodita,* de los centauros gallardos y de las bacantes ardientes: cantó la copa de Dionisio,* y el tirso que hiere el aire alegre, y a Pan,* Emperador de las montañas, Soberano de los bosques, dios-sátiro que también sabía cantar. Cantó de las intimidades del aire y de la tierra, gran madre. Así explicó la melodía de un arpa eolia, el susurro de una arboleda, el ruido ronco de un caracol y las notas armónicas que brotan de una siringa. Cantó del verso, que baja del cielo y place a los dioses, del que acompaña el bárbitos en la oda y el tiempo en el peán. Cantó los senos de nieve tibia y las copas de oro labrado, y el buche del pájaro y la gloria del sol.

Y desde el principio del cántico brilló la luz con más fulgores. Los enormes troncos se conmovieron, y hubo rosas que se deshojaron y lirios que se inclinaron lánguidamente como en un dulce desmayo. Porque Orfeo hacía gemir los leones y llorar los guijarros con la música de su lira rítmica. Las bacantes más furiosas habían callado y le oían como en un sueño. Una náyade virgen, a quien nunca ni una sola mirada del sátiro había profanado, se acercó tímida al cantor y le dijo: "Yo te amo." Filomena* había volado a posarse en la lira como la paloma anacreóntica. No hubo más eco que la voz de

Orfeo.* Naturaleza sentía el himno. Venus,* que pasaba por las cercanías, preguntó de lejos con su divina voz: "¿Está aquí acaso Apolo?"*

Y en toda aquella inmensidad de maravillosa armonía, el único que no oía nada era el sátiro sordo.

Cuando el poeta concluyó, dijo a éste:

—¿Os place mi canto? Si es así, me quedaré con vos en la selva.

El sátiro dirigió una mirada a sus dos consejeros. Era preciso que ellos resolvieran lo que no podía comprender él. Aquella mirada pedía una opinión.

*

—Señor —dijo la alondra, esforzándose en producir la voz más fuerte de su buche—, quédese quien así ha cantado con nosotros. He aquí que su lira es bella y potente. Te ha ofrecido la grandeza y la luz rara que hoy has visto en tu selva. Te ha dado su armonía. Señor, yo sé de estas cosas. Cuando viene el alba desnuda y se despierta el mundo, yo me remonto a los profundos cielos y vierto desde la altura las perlas invisibles de mis trinos, y entre las claridades matutinas mi melodía inunda el aire, y es el regocijo del espacio. Pues yo te digo que Orfeo ha cantado bien, y es un elegido de los dioses. Su música embriagó el bosque entero. Las águilas se han acercado a revolar sobre nuestras cabezas, los arbustos floridos han agitado suavemente sus incensarios misteriosos, las abejas han dejado sus celdillas para venir a escuchar. En cuanto a mí, ¡oh señor!, si yo estuviese en lugar tuyo le daría mi guirnalda de pámpanos y mi tirso. Existen dos potencias: la real y la ideal. Lo que Hércules* haría con sus muñecas, Orfeo* lo hace con su inspiración. El dios robusto despedazaría de un puñetazo al mismo Athos.˘ Orfeo* les amansaría con la eficacia de su voz triunfante, a Nemea* su león y a Erimanto* su jabalí. De los hombres, unos han nacido para forjar los metales, otros para arrancar del suelo fértil las espigas del trigal, otros para combatir en las sangrientas guerras, y otros para enseñar, glorificar y cantar. Si soy tu copero y te doy vino, goza tu paladar; si te ofrezco un himno, goza tu alma.

Mientras cantaba la alondra, Orfeo la acompañaba con su instrumento, y un vasto y dominante soplo lírico se escapaba del bosque verde y fragante. El sátiro sordo comenzaba a impacientarse. ¿Quien era aquel extraño visitante? ¿Por qué ante él había cesado la danza loca y voluptuosa? ¿Qué decían sus dos consejeros?

¡Ah! ¡La alondra había cantado; pero el sátiro no oía! Por fin, dirigió su vista al asno.

¿Faltaba su opinión? Pues bien: ante la selva enorme y sonora, bajo el azul sagrado, el asno movió la cabeza de un lado a otro, grave, terco, silencioso, como el sabio que medita.

Entonces con su pie hendido, hirió el sátiro al suelo, arrugó su frente con enojo, y sin darse cuenta de nada, exclamó, señalando a Orfeo la salida de la selva.

—¡No!...

Al vecino Olimpo* llegó el eco, y resonó allá, donde los dioses estaban de broma, un coro de carcajadas formidables que después se llamaron homéricas.

Orfeo salió triste de la selva del sátiro sordo y casi dispuesto a ahorcarse del primer laurel que hallase en su camino.

No se ahorcó; pero se casó con Eurídice.*

EL FARDO

Allá lejos, en la línea como trazada con un lápiz
azul, que separa las aguas y los cielos, se iba hundiendo
el sol, con sus polvos de oro y sus torbellinos de
chispas purpuradas, como un gran disco de hierro can-
dente. Ya el muelle fiscal iba quedando en quietud;
los guardas pasaban de un punto a otro, las gorras metidas
hasta las cejas, dando aquí y allá sus vistazos. Inmóvil
el enorme brazo de los pescantes, los jornaleros se
encaminaban a las casas. El agua murmuraba debajo
del muelle, y el húmedo viento salado, que sopla de mar
afuera a la hora en que la noche sube, mantenía las
lanchas cercanas en un continuo cabeceo.

*

Todos los lancheros se habían ido ya; solamente
el viejo tío Lucas, que por la mañana se estropeara un
pie al subir una barrica a su carretón, y que, aunque
cojín cojeando había trabajado todo el día, estaba sentado
en una piedra, y, con la pipa en la boca, veía triste el
mar.
—¡Eh, tío Lucas! ¿Se descansa?
—Sí, pues, patroncito.
Y empezó la charla, esa charla agradable y suelta
que me place entablar con los bravos hombres toscos
que viven la vida del trabajo fortificante, la que da la
buena salud y la fuerza del músculo, y se nutre con el
grano del poroto y la sangre hirviente de la viña.
Yo veía con cariño a aquel rudo viejo, y le oía con-
interés sus relaciones, así, todas cortadas, todas como

de hombre basto, pero de pecho ingenuo. ¡Ah, conque
fue militar! ¡Conque de mozo fue soldado de Bulnes!
¡Conque todavía tuvo resistencias para ir con su rifle
hasta Miraflores! Y es casado, y tuvo un hijo, y...

Y aquí el tío Lucas:

Sí, patrón, ¡hace dos años que se me murió!

Aquellos ojos, chicos y relumbrantes bajo las cejas
grises y peludas, se humedecieron entonces.

—¿Qué cómo se murió? En el oficio, por darnos de
comer a todos, a mi mujer, a los chiquillos y a mí, patrón,
que entonces me hallaba enfermo.

Y todo me lo refirió, al comenzar aquella noche,
mientras las olas se cubrían de brumas y la ciudad
encendía sus luces; él, en la piedra que le servía de
asiento, después de apagar su negra pipa y de colocársela
en la oreja, y de estirar y cruzar sus piernas flacas y
musculosas, cubiertas por los sucios pantalones arre-
mangados hasta el tobillo.

*

Él era un muchacho muy honrado y muy trabajador.
Se quiso ponerlo a la escuela desde grandecito; pero ¡los
miserables no deben aprender a leer cuando se llora
de hambre en el cuartucho!

El tío Lucas era casado, tenía muchos hijos.

Su mujer llevaba la maldición del vientre de los
pobres: la fecundidad. Había, pues, mucha boca abierta
que pedía pan; mucho chico sucio que se revolcaba en
la basura, mucho cuerpo magro que temblaba de frío;
era preciso ir a llevar que comer, a buscar harapos, y,
para eso, quedar sin alientos y trabajar como un buey.

Cuando el hijo creció ayudó al padre. Un vecino,
el herrero, quiso enseñarle su industria, pero como
entonces era tan débil, casi una armazón de huesos,
y en el fuelle tenía que echar el bofe, se puso enfermo
y volvió al conventillo. ¡Ah, estuvo muy enfermo! Pero
no murió. ¡No murió! Y eso que vivían en uno de esos
hacinamientos humanos; entre cuatro paredes destarta-
ladas, viejas, feas, en la callejuela inmunda de las mujeres
perdidas, hedionda a todas horas, alumbrada de noche
por escasos faroles, y donde resuenan en perpetua llama-

da a las zambras de echacovería, las arpas y los acordeones, y el ruido de los marineros que llegan al burdel, desesperados con la castidad de las largas travesías, a emborracharse como cubas y a gritar y patalear como condenados. ¡Sí! Entre la pobredumbre, al estrépito de las fiestas tunantescas, el chico vivió, y pronto estuvo sano y en pie.

Luego llegaron sus quince años.

*

El tío Lucas había logrado, tras mil privaciones, comprar una canoa. Se hizo pescador.

Al caer el alba, iba con su mocetón al agua, llevando los enseres de la pesca. El uno remaba, el otro ponía en los anzuelos la carnada. Volvían a la costa con buena esperanza de vender lo hallado, entre la brisa fría y las opacidades de la neblina, cantando en baja voz algún "triste", y enhiesto el remo triunfante que chorreaba espuma.

Si había buena venta, otra salida por la tarde.

Una de invierno, había temporal. Padre e hijo en la pequeña embarcación, sufrían en el mar la locura de la ola y del viento. Difícil era llegar a tierra. Pesca y todo se fue al agua, y se pensó en librar el pellejo. Luchaban como desesperados por ganar la playa. Cerca de ella estaban; pero una racha maldita les empujó contra una roca, y la canoa se hizo astilla. Ellos salieron sólo magullados, ¡gracias a Dios!, como decía el tío Lucas al narrarlo. Después, ya son ambos lancheros.

Sí, lancheros; sobre las grandes embarcaciones chatas y negras; colgándose de la cadena que rechinaba pendiente como un sierpe de hierro del macizo pescante que semejaba una horca; remando de pie y a compás; yendo con la lancha del muelle al vapor y del vapor al muelle; gritando, ¡biliooeep! cuando se empujan los pesados bultos para engancharlos en la uña potente que los levante balanceándolos como un péndulo, ¡sí!, lancheros, el viejo y el muchacho, el padre y el hijo; ambos a horcajadas sobre un cajón, ambos forcejando, ambos ganando su jornal, para ellos y para sus queridas sanguijuelas del conventillo.

Ibanse todos los días al trabajo, vestidos de viejo, fajadas las cinturas con sendas bandas coloradas, y haciendo sonar a una sus zapatos groseros y pesados que se quitaban al comenzar la tarea, tirándolos a un rincón de la lancha.

Empezaba el trajín, el cargar y descargar. El padre era cuidadoso: "¡Muchacho, que te rompes la cabeza! ¡Que te coge la mano el chicote! ¡Que vas a perder una canilla!" Y enseñaba, adiestraba, dirigía al hijo, con su modo, con sus bruscas palabras de obrero viejo y de padre encariñado.

Hasta que un día el tío Lucas no pudo moverse de la cama, porque el reumatismo le hinchaba las coyunturas y le taladraba los huesos.

¡Oh! Y había que comprar medicinas y alimentos, eso sí.

—Hijo, al trabajo, a buscar plata; hoy es sábado.

Y se fue el hijo solo, casi corriendo, sin desayunarse, a la faena diaria.

Era un bello día de luz clara, de sol de oro. En el muelle rodaban los carros sobre sus rieles, crujían las poleas, chocaban las cadenas. Era la gran confusión del trabajo que da vértigo, al son del hierro, traqueteos por doquiera, y el viento pasando por el bosque de árboles y jarcias de los navíos en grupo.

Debajo de uno de los pescantes del muelle estaba el hijo del tío Lucas con otros lancheros, descargando a toda prisa. Había que vaciar la lancha repleta de fardos. De tiempo en tiempo bajaba la larga cadena que remata en un garfio, sonando como una matraca al correr con la roldana; los mozos amarraban los bultos con una cuerda doblada en dos, los enganchaban en el garfio, y entonces éstos subían a la manera de un pez en un anzuelo, o del plomo de una sonda, ya quietos, ya agitándose de un lado a otro, como un badajo, en el vacío.

La carga estaba amontonada. La ola movía pausadamente de cuando en cuando la embarcación colmada de fardos. Éstos formaban una a modo de pirámide en el centro. Había uno muy pesado, muy pesado. Era el más grande de todos, ancho, gordo y oloroso a brea. Venía en el fondo de la lancha. Un hombre de pie sobre él, era pequeña figura para el grueso zócalo.

Era algo como todos los prosaísmos de la importación envueltos en lona y fajados con correas de hierro. Sobre sus costados, en medio de líneas y de triángulos negros, había letras que miraban como ojos, "Letras en diamante", decía el tío Lucas. Sus cintas de hierro estaban apretadas con clavos cabezudos y ásperos; y en las entrañas tendría el monstruo, cuando menos, limones y percales.

*

Sólo él faltaba.

—¡Se va el bruto! —dijo uno de los lancheros.

—El barrigón —agregó otro.

El hijo del tío Lucas, que estaba ansioso de acabar pronto, se alistaba para ir a cobrar y desayunarse, anudándose un pañuelo de cuadros al pescuezo.

Bajó la cadena danzando en el aire. Se amarró un gran lazo en el fardo, se probó si estaba bien seguro y se gritó: ¡Iza!, mientras la cadena tiraba de la masa chirriando y levantándola en vilo.

Los lancheros, de pie, miraban subir el enorme peso, y se preparaban para ir a tierra, cuando se vio una cosa horrible. El fardo, el grueso fardo, se zafó del lazo, como de un collar holgado saca un perro la cabeza; y cayó sobre el hijo del tío Lucas, que entre el filo de la lancha y el gran bulto quedó con los riñones rotos, el espinazo desencajado y echando sangre negra por la boca.

Aquel día no hubo pan ni medicinas en casa del tío Lucas, sino el muchacho destrozado, al que se abrazaba llorando el reumático, entre la gritería de la mujer y de los chicos, cuando llevaban el cadáver al cementerio.

Me despedí del viejo lanchero, y a pasos elásticos dejé el muelle, tomando el camino de la casa y haciendo filosofía con toda la cachaza de un poeta, en tanto que una brisa glacial, que venía de mar afuera, pellizcaba tenazmente las narices y las orejas.

EL VELO DE LA REINA MAB

La reina Mab,* en su carro hecho de una sola perla, tirado por cuatro coleópteros de petos dorados y alas de pedrería; caminando sobre un rayo de sol, se coló por la ventana de una buhardilla donde estaban cuatro hombres flacos, barbudos e impertinentes, lamentándose como unos desdichados.

Por aquel tiempo, las hadas habían repartido sus dones a los mortales. A unos habían dado las varitas misteriosas que llenan de oro las pesadas cajas del comercio; a otros unas espigas maravillosas que al desgranarlas colmaban las trojes de riqueza; a otros unos cristales que hacían ver en el riñón de la madre tierra oro y piedras preciosas; a quiénes, cabelleras espesas y músculos de Goliat,* y mazas enormes para machacar el hierro encendido; y a quiénes, talones fuertes y piernas ágiles para montar en las rápidas caballerías que se beben el viento y que tienden las crines en la carretera.

Los cuatro hombres se quejaban. Al uno le había tocado en suerte una cantera, al otro el iris, al otro el ritmo, al otro el cielo azul.

*

La reina Mab oyó sus palabras. Decía el primero:

—¡Y bien! ¡Heme aquí en la gran lucha de mis sueños de mármol! Yo he arrancado el bloque y tengo el cincel. Todos tenéis, unos el oro, otros la armonía, otros la luz; yo pienso en la blanca y divina Venus,* que muestra su desnudez bajo el plafón color del cielo.

53

Yo quiero dar a la masa la línea y la hermosura plástica; y que circule por las venas de la estatua una sangre incolora como la de los dioses. Yo tengo el espíritu de Grecia* en el cerebro, y amo los desnudos en que la ninfa huye y el fauno tiende los brazos. ¡Oh, Fidias!* Tú eres para mí soberbio y augusto como un semidiós, en el recinto de la eterna belleza, rey ante un ejército de hermosuras que a tus ojos arrojan el magnífico Kiton,* mostrando la esplendidez de la forma en sus cuerpos de rosa y de nieve.

Tú golpeas, hieres y domas el mármol, y suena el golpe armónico como en verso, y te adula la cigarra, amante del sol oculta entre los pámpanos de la viña virgen. Para ti son los Apolos* rubios y luminosos, las Minervas* severas y soberanas. Tú, como un mago, conviertes la roca en simulacro y el colmillo del elefante en copa de festín. Y al ver tu grandeza siento el martirio de mi pequeñez. Porque pasaron los tiempos gloriosos. Porque tiemblo ante las miradas de hoy. Porque contemplo el ideal inmenso y las fuerzas exhaustas. Porque a medida que cincelo el bloque me ataraza el desaliento.

*

Y decía el otro:

—Lo que es hoy romperé mis pinceles. ¿Para qué quiero el iris y esta gran paleta de campo florido, si a la postre mi cuadro no será admitido en el salón? ¿Qué abordaré? He recorrido todas las escuelas, todas las inspiraciones artísticas. He pintado el torso de Diana* y el rostro de la Madona*. He pedido a las campiñas sus colores, sus matices; he adulado a la luz como a una amada, y la he abrazado como a una querida. He sido adorador del desnudo, con sus magnificencias, con los tonos de sus carnaciones y con sus fugaces medias tintas. He trazado en mis lienzos los nimbos de los santos y las alas de los querubines. ¡Ah, pero siempre el terrible desencanto!, ¡el porvenir! ¡Vender una Cleopatra* en dos pesetas para poder almorzar!

¡Y yo que podría, en el estremecimiento de mi inspiración, trazar el gran cuadro que tengo aquí adentro!

54

Y decía el otro:

—Perdida mi alma en la gran ilusión de mis sinfonías, temo todas las decepciones. Yo escucho todas las armonías, desde la lira de Terpandro* hasta las fantasías orquestales de Wagner* Mis ideales brillan en medio de mis audacias de inspirado. Yo tengo la percepción del filósofo que oyó la música de los astros. Todos los ruidos pueden aprisionarse, todos los ecos son susceptibles de combinaciones. Todo cabe en la línea de mis escalas cromáticas.

La luz vibrante es himno, y la melodía de la selva halla un eco en mi corazón. Desde el ruido de la tempestad hasta el canto del pájaro, todo se confunde y enlaza en la infinita cadencia.

Entretanto, no diviso sino la muchedumbre que befa, y la celda del manicomio.

Y el último:

—Todos bebemos del agua clara de la fuente de Jonia.* Pero el ideal flota en el azul; y para que los espíritus gocen de la luz suprema es preciso que asciendan. Yo tengo el verso que es de miel y el que es oro, y el que es de hierro candente. Yo soy el ánfora del celeste perfume: tengo el amor. Paloma, estrella, nido, lirio, vosotros conocéis mi morada. Para los vuelos inconmensurables tengo alas de águila que parten a golpes mágicos el huracán. Y para hallar consonantes, los busco en dos bocas que se juntan; y estalla el beso, y escribo la estrofa, y entonces, si veis mi alma, conoceréis a mi musa. Amo las epopeyas porque de ellas brota el soplo heroico que agita las banderas que ondean sobre las lanzas y los penachos que tiemblan sobre los cascos; los cantos líricos, porque hablan de las diosas y de los amores; y las églogas, porque son olorosas a verbena y a tomillo, y al santo aliento del buey coronado de rosas. Yo escribiría algo inmortal; mas me abruma un porvenir de miseria y de hambre.

*

Entonces la reina Mab,* del fondo de su carro hecho de una sola perla, tomó un velo azul, casi impalpable, como formado de suspiros, o de miradas de ángeles rubios y pensativos. Y aquel velo era el velo de los sueños, de los dulces sueños, que hacen ver la vida del color de rosa. Y con él envolvió a los cuatro hombres flacos, barbudos e impertinentes. Los cuales cesaron de estar tristes, porque penetró en su pecho la esperanza y en su cabeza el sol alegre, con el diablillo de la vanidad, que consuela en sus profundas decepciones a los pobres artistas.

Y desde entonces, en las buhardillas de los brillantes infelices, donde flota el sueño azul, se piensa en el porvenir como en la aurora, y se oyen risas que quitan la tristeza, y se bailan extrañas farándulas alrededor de un blanco Apolo,* de un lindo paisaje, de un violín viejo, de un amarillento manuscrito.

EL PÁJARO AZUL

París es teatro divertido y terrible. Entre los concurrentes al Café Plombier, buenos y decididos muchachos pintores, escultores, escritores, poetas; sí, ¡todos buscando el viejo laurel verde!—, ninguno más querido que aquel pobre Garcín, triste casi siempre, buen bebedor de ajenjo, soñador que nunca se emborrachaba y, como bohemio intachable, bravo improvisador.

En el cuartucho destartalado de nuestras alegres reuniones, guardaba el yeso de las paredes, entre los esbozos y rasgos de futuros Delacroix,* versos, estrofas enteras, escritas en letra echada y gruesa de nuestro pájaro *azul.*

El pájaro azul era el pobre Garcín. ¿No sabéis por qué se llamaba así? Nosotros le bautizamos con ese nombre.

Ello no fue un simple capricho. Aquel excelente muchacho tenía el vino triste. Cuando le preguntábamos por qué, cuando todos reíamos como insensatos o como chicuelos, él arrugaba el seño y miraba fijamente al cielo raso, y nos respondía sonriendo con cierta amargura:

—Camaradas; habéis de saber que tengo un pájaro azul en el cerebro; por consiguiente...

*

Sucedió también que gustaba de ir a las campiñas nuevas, al entrar la primavera. El aire del bosque hacía bien a sus pulmones, según nos decía el poeta.

De sus excursiones solía traer ramos de violetas gruesos cuadernillos de madrigales, escritos al ruido de las hojas y bajo el ancho cielo sin nubes. Las violetas eran para Niní, su vecina, una muchacha fresca y rosada, que tenía los ojos muy azules.

Los versos eran para nosotros. Nosotros los leíamos y los aplaudíamos. Todos teníamos una alabanza para Garcín. Era un ingenio que debía brillar. El tiempo vendría. ¡Oh, el pájaro azul volaría muy alto! ¡Bravo! ¡Eh, mozo, más ajenjo!

Principios de Garcín:

De las flores, las lindas campánulas.

Entre las piedras preciosas, el zafiro.

De las inmensidades, el cielo y el amor, es decir, las pupilas de Niní.

Y repetía el poeta: Creo que siempre es preferible la neurosis a la estupidez.

*

A veces, Garcín estaba más triste que de costumbre.

Andaba por los bulevares; veía pasar indiferente los lujosos carruajes, los elegantes, las hermosas mujeres. Frente al escaparate de un joyero sonreía; pero cuando pasaba cerca de un almacén de libros, se llegaba a las vidrieras, husmeaba y, al ver las lujosas ediciones, se declaraba decididamente envidioso, arrugaba la frente; para desahogarse, volvía el rostro hacia el cielo y suspiraba. Corría al café en busca de nosotros, conmovido, exaltado, pedía su vaso de ajenjo, y nos decía:

—Sí; dentro de la jaula de mi cerebro está preso un pájaro azul que quiere su libertad...

*

Hubo algunos que llegaron a creer en un descalabro de la razón.

Un alienista, a quien se le dio la noticia de lo que pasaba, calificó el caso como una monomanía especial. Sus estudios patológicos no dejaban lugar a dudas.

Decididamente, el desgraciado Garcín estaba loco.

Un día recibieron de su padre, un viejo provinciano de Normandía, comerciante en trapos, una carta que decía lo siguiente, poco más o menos:

"Sé tus locuras en París. Mientras permanezcas de ese modo, no tendrás de mí un solo *sou*. Ven a llevar los libros de mi almacén, y cuando hayas quemado, gandul, tus manuscritos de tonterías, tendrás mi dinero".

Esta carta se leyó en el Café Plombier.

—¿Y te irás?

—¿No te irás?

—¿Aceptas?

—¿Desdeñas?

¡Bravo Garcín! Rompió la carta, y soltando el trapo a la ventana, improvisó unas cuantas estrofas, que acababan, si mal no recuerdo:

> ¡Sí, seré siempre un gandul
> lo cual aplaudo y celebro,
> mientras sea mi cerebro
> jaula del pájaro azul!

Desde entonces Garcín cambió de carácter. Se volvió charlador, se dio un baño de alegría, compró levita nueva y comenzó un poema en tercetos, titulado: *El pájaro azul.*

Cada noche se leía en nuestra tertulia algo nuevo de la obra. Aquello era excelente, sublime, disparatado.

Allí había un cielo muy hermoso, una campiña muy fresca, países brotados como por la magia del pincel de Corot,* rostros de niños asomados entre flores, los ojos de Niní húmedos y grandes; y por añadidura, el buen Dios que envía volando, volando, sobre todo aquello un pájaro azul que sin saber cómo ni cuándo, anida dentro del cerebro del poeta, en donde queda aprisionado. Cuando el pájaro quiere volar y abre las alas y se da contra las paredes del cráneo, se alzan los ojos al cielo, se arruga la frente y se bebe ajenjo con poca agua, fumando además, por remate, un cigarrillo de papel.

He aquí el poema.

*

Una noche llegó Garcín riendo mucho, y, sin embargo, muy triste. La bella vecina había sido conducida al cementerio.

—¡Una noticia! ¡Una noticia! Canto último de mi poema. Niní ha muerto. Viene la primavera y Niní se va. Ahorro de violetas para la campiña. Ahora falta el epílogo del poema. Los editores no se dignan siquiera leer mis versos. Vosotros muy pronto tendréis que dispersaros. Ley del tiempo. El epílogo se debe titular así: *De cómo el pájaro azul alza el vuelo al cielo azul.*

*

¡Plena primavera! ¡Los árboles florecidos, las nubes rosadas en el alba y pálidas por la tarde; el aire suave que mueve las hojas y hace aletear las cintas de los sombreros de paja con especial ruido! Garcín no ha ido al campo.

Hele aquí; viene con traje nuevo a nuestro amado Café Plombier, pálido, con una sonrisa triste.

—¡Amigos míos, un abrazo! Abrazadme todos, así, fuerte; decidme adiós, con todo el corazón, con toda el alma... El pájaro azul vuela...

Y el pobre Garcín lloró, nos estrechó, nos apretó las manos con todas las fuerzas y se fue.

Todos dijimos: "Garcín, el hijo pródigo, busca a su padre, el viejo normando. Musas,* adiós; adiós, gracias. ¡Nuestro poeta se decide a medir trapos! ¡Eh! ¡Una copa por Garcín!"

Pálidos, asustados, entristecidos, al día siguiente todos los parroquianos del Café Plombier, que metíamos tanta bulla en aquel cuartucho destartalado, nos hallábamos en la habitación de Garcín. Él estaba en su lecho, sobre las sábanas ensangrentadas, con el cráneo roto de un balazo. Sobre la almohada había fragmentos de masa cerebral... ¡Horrible!

Cuando, repuestos de la impresión, pudimos llorar ante el cadáver de nuestro amigo, encontramos que tenía consigo el famoso poema. En la última página había escritas estas palabras:

Hoy, en plena primavera, dejo abierta la puerta de la jaula al pájaro azul.

¡Ay Garcín, cuántos llevan en el cerebro tu misma enfermedad!

LA MUERTE DE LA EMPERATRIZ DE LA CHINA

Delicada y fina como joya humana, vivía aquella muchacha de carne rosada en la pequeña casa que tenía un saloncito con los tapices de color azul desfalleciente. Era su estuche.

¿Quién era el dueño de aquel delicioso pájaro alegre, de ojos negros y boca roja? ¿Para quién cantaba su canción divina, cuando la señorita Primavera mostraba en el triunfo del sol su bello rostro riente, y abría las flores del campo, y alborotaba la nidada? Suzette se llamaba la avecilla que había puesto en jaula de seda, peluches y encajes un soñador artista cazador, que la había cazado una mañana de mayo en que había mucha luz en el aire y muchas rosas abiertas.

Recaredo —capricho paternal, él no tenía la culpa de llamarse Recaredo— se había casado hacía un año y medio. —¿Me amas? —Te amo. ¿Y tú? —Con toda el alma.

Hermoso el día dorado, después de lo del cura. Habían ido luego al campo nuevo, a gozar libres del gozo del amor. Murmuraban allá en sus ventanas de hojas verdes las campanillas y las violetas silvestres que olían cerca del riachuelo, cuando pasaban los dos amantes, el brazo de él en la cintura de ella, el brazo de ella en la cintura de él, los rojos labios en flor dejando escapar los besos. Después, fue la vuelta a la gran ciudad, al nido lleno de perfume, de juventud y de calor dichoso.

¿Dije ya que Recaredo era escultor? Pues si no lo he dicho, sabedlo.

Era escultor. En la pequeña casa tenía un taller, con profusión de mármoles, yesos, bronces y terracotas.

A veces, los que pasaban oían a través de las rejas y persianas una voz que cantaba y un martilleo vibrante y metálico. Suzette, Recaredo; la boca que emergía el cántico, y el golpe del cincel.

Luego el incesante idilio nupcial. En puntillas, llegar donde él trabajaba, e inundándole de cabellos la nuca, besarle rápidamente Quieto, quietecito, llegar donde ella duerme en su *chaise longue,* los piececitos calzados y con medias negras, uno sobre otro, el libro abierto sobre el regazo, medio dormida; y allí el beso es en los labios, beso que sorbe el aliento y hace que se abran los ojos inefablemente luminosos. Y a todo esto, las carcajadas del mirlo enjaulado que cuando Suzette toca de Chopin,* se pone triste y no canta. ¡Las carcajadas del mirlo! No era poca cosa. —¿Me quieres? —¿No lo sabes? —¿Me amas? —¡Te adoro! Ya estaba el animalucho echando toda la risa del pico. Se le sacaba de la jaula, revolaba por el saloncito azulado, se detenía en la cabeza de un Apolo* de yeso, o en la frámea de un viejo germano de bronce oscuro. Tiiiiiirit... rrrrrtch fiii... ¡Vaya que a veces era malcriado e insolente en su algarabía! Pero era lindo sobre la mano de Suzette, que le animaba, le apretaba el pico entre sus dientes hasta hacerlo desesperar, y le decía a veces con una voz severa que temblaba de terneza: "¡Señor Mirlo, es usted un picarón!"

Cuando los dos amados estaban juntos, se arreglaban uno a otro el cabello. "Canta", decía él. Y ella cantaba lentamente; y aunque no eran sino pobres muchachos enamorados, se veían hermosos, gloriosos y reales; él la miraba como a una Elsa* y ella le miraba como a un Lohengrin.* Porque el Amor, ¡oh jóvenes llenos de sangre y de sueños!, pone un azul de cristal ante los ojos, y da las infinitas alegrías.

¡Cómo se amaban! Él la contemplaba sobre las estrellas de Dios; su amor recorría toda la escala de la pasión, y era ya contenido, ya tempestuoso en su querer, a veces casi místico. En ocasiones dijérase aquel artista un teósofo que veía en la amada mujer algo supremo y extrahumano, como la Ayesha* de Ridder Hagard,* la aspiraba como una flor, le sonreía como a un astro y se sentía soberbiamente vencedor al estrechar contra su pecho aquella adorable cabeza, que cuando estaba pensativa y quieta, era comparable al perfil hierático de la medalla de una emperatriz bizantina.

*

Recaredo amaba su arte. Tenía la pasión de la forma; hacía brotar del mármol gallardas diosas desnudas de ojos blancos, serenos y sin pupilas; su taller estaba poblado de un pueblo de estatuas silenciosas, animales de metal, gárgolas terroríficas, grifos de largas colas vegetales, creaciones góticas quizá inspiradas por el ocultismo. ¡Y sobre todo, la gran afición! Japonerías y chinerías. Recaredo era en esto un original. Conocía los mejores álbumes; había leído buenos exotistas,* adoraba a Loti* y Judith Gautier* y hacía sacrificios para adquirir trabajos legítimos, de Yokohama,* de Nagasaki,* de Kloto* o de Nankín* o Pekín.* Los cuchillos, las pipas, las máscaras feas y misteriosas como las caras de los sueños hípnicos, los mandarinitos enanos con panzas de cucurbitáceas y ojos circunflejos, los monstruos de grandes bocas de batracios, abiertas y dentadas, y los diminutos soldados de Tartaria,* con faces foscas.

—¡Oh —le decía Suzette—, aborrezco tu casa de brujo, ese terrible taller, arca extraña que te roba mis caricias!

Él sonreía, dejaba su lugar de labor, su templo de raras chucherías y corría al pequeño salón azul, a ver y mimar a su gracioso dije vivo, oír cantar y reír al loco mirlo jovial.

Aquella mañana, cuando entró, vio que estaba su dulce Suzette, soñolienta y tendida, cerca de un tazón de rosas que sostenía un trípode. ¿Era la Bella del bosque durmiente? Medio dormida, el delicado cuerpo modelado bajo una bata blanca, la cabellera castaña apelotonada sobre uno de los hombros, toda ella exhalando un suave olor femenino, era como una deliciosa figura de los amables cuentos que empiezan: "Este era un rey..."

La despertó:

—¡Suzette, mi bella!

Traía la cara alegre; le brillaban los ojos negros bajo su fez rojo de labor; llevaba una carta en la mano.

—Carta de Robert, Suzette. ¡El bribonazo está en China! "Hong Kong, 18 de enero..."

Suzette, un tanto amodorrada, se había sentado y le había quitado el papel. ¡Conque aquel andariego había llegado tan lejos! "Hong Kong, 18 de enero..." Era gracioso. ¡Un excelente muchacho el tal Robert, con la manía de viajar! Llegaría al fin del mundo. ¡Robert, un grande amigo! Se veían como de la familia. Había partido hacía dos años para San Francisco de California. ¡Habríase visto loco igual!

Comenzó a leer:

"Hong Kong, 18 de enero de 1888.

"Mi buen Recaredo:

"Vine y ví. No he vencido aún.

"En San Francisco supe vuestro matrimonio y me alegré. Di un salto y caí en la China. He venido como agente de una casa californiana, importadora de sedas, lacas, marfiles y demás chinerías. Junto con esta carta debes recibir un regalo mío que, dada tu afición por las cosas de este país amarillo, te llegará de perlas. Ponme a los pies de Suzette, y conserva el obsequio en memoria de tu.

ROBERT."

Ni más ni menos. Ambos soltaron la carcajada. El mirlo a su vez hizo estallar la jaula en una explosión de gritos musicales.

La caja había llegado, una caja de regular tamaño, llena de marchamos, de números y de letras negras que decían y daban a entender que el contenido era muy frágil. Cuando la caja se abrió apareció el misterio. Era un fino busto de porcelana, un admirable busto de mujer sonriente, pálido y encantador. En la base tenía tres inscripciones, una en caracteres chinescos, otra en inglés y otra en francés: *La emperatriz de la China*. ¡La emperatriz de la China! ¿Qué manos de artista asiático habían modelado aquellas formas atrayentes de misterio? Era una cabellera recogida y apretada, una faz enigmática, ojos bajos y extraños, de princesa celeste, sonrisa de esfinge, cuello erguido sobre los hombros columbinos, cubiertos por una onda de seda bordada de dragones. todo dando magia a la porcelana blanca, con tonos de cera, inmaculada y cándida. ¡La emperatriz de la China! Suzette pasaba sus dedos de rosa sobre los ojos de aquella graciosa soberana, un tanto inclinados, con sus curvos epicantus bajo los puros y nobles arcos de las cejas. Estaba contenta. Y Recaredo sentía orgullo de poseer su porcelana. Le haría un gabinete especial para que viviese y reinase sola, como en el Louvre* la Venus de Milo,* triunfadora, cobijada imperialmente por el plafón de su recinto sagrado.

Así lo hizo. En un extremo del taller, formó un gabinete minúsculo, con biombos cubiertos de arrozales y de grullas. Predominaba la nota amarilla. Toda la gama, oro, fuego, ocre de Oriente, hoja de otoño, hasta el pálido que agoniza fundido en la blancura. En el centro, sobre un pedestal dorado y negro, se alzaba riendo la exótica imperial. Alrededor de ella había colocado Recaredo todas las japonerías y curiosidades chinas. La cubría un gran quitasol nipón, pintado de camelias y de anchas rosas sangrientas. Era cosa de risa, cuando el artista soñador, después de dejar la pipa y los cinceles, llegaba frente a la emperatriz, con las manos cruzadas sobre el pecho, a hacer zalemas. Una, dos, diez, veinte veces la visitaba. Era una pasión. En un plato de laca yokohamesa le ponía flores frescas todos los días. Tenía en momentos verdaderos arrobos delante del busto asiático, que le conmovía en su deleitable e inmóvil majestad. Estudiaba sus menores detalles: el caracol de la oreja, el arco del labio, la nariz pulida, el epicantus del párpado. ¡Un ídolo la famosa emperatriz! Suzette le llamaba de lejos:

—¡Recaredo!

—¡Voy!

Y seguía en la contemplación de su obra de arte. Hasta que Suzette llegaba a llevárselo a rastras y a besos.

Un día, las flores del plato de laca desaparecieron como por encanto.

—¿Quién ha quitado las flores? —gritó el artista desde el taller.

—Yo —dijo una voz vibradora.

Era Suzette, que entreabría una cortina, toda sonrosada y haciendo relampaguear sus ojos negros.

*

Allá en lo hondo de su cerebro se decía el señor Recaredo, artista escultor:

"¿Qué tendrá mi mujercita?" No comía casi. Aquellos buenos libros desflorados por su espátula de marfil estaban en el pequeño estante negro, con sus hojas cerradas sufriendo la nostalgia de las blandas manos de rosa y del tibio regazo perfumado. El señor Recaredo la veía triste. "¿Qué tendrá mi mujercita?" En la mesa no quería comer. Estaba seria. ¡Qué sería! La miraba a veces con el rabo del ojo, y el marido veía aquellas pupilas oscuras, húmedas, como si quisieran llorar. Y ella, al responder, hablaba como los niños a quienes se ha negado un dulce. "¿Qué tendrá mi mujercita?" "¡Nana"! Aquel *nada* lo decía ella con voz de queja, y entre sílaba y sílaba había lágrimas.

¡Oh señor Recaredo! Lo que tiene vuestra mujercita es que sois un hombre abominable. ¿No habéis notado que desde que esa buena de la emperatriz de la China ha llegado a vuestra casa, el saloncito azul se ha entristecido, y el mirlo no canta ni ríe con su risa perlada? Suzette despierta a Chopin,* y lentamente hace brotar la melodía enferma y melancólica del negro piano sonoro. ¡Tiene celos, señor Recaredo! Tiene el mal de los celos, ahogador y quemante, como una serpiente encendida que aprieta el alma. ¡Celos! Quizá lo comprendía, porque una tarde dijo a la muchachita de su corazón estas palabras, frente a frente, a través del humo de una taza de café:

—Eres demasiado injusta. ¿Acaso no te amo con toda mi alma, acaso no sabes leer en mis ojos lo que hay dentro de mi corazón?

Suzette rompió a llorar. ¡Qué la amaba! No, ya no la amaba. Habían huido las buenas y radiantes horas, y los besos que chasqueaban también eras idos, como pájaros en fuga. Ya no la quería. Y a ella, a la que él

66

creía su religión, su delicia, su sueño, su rey, a ella, a Suzette, la había dejado por otra.

¡La otra! Recaredo dio un salto. Estaba engañada. ¿Lo diría por la rubia Eulogia, a quien en un tiempo había dirigido madrigales?

Ella movió la cabeza:

—No.

¿Por la ricachona Gabriela, de largos cabellos negros, blanca como un alabastro y cuyo busto había hecho? ¿O por aquella Luisa, la danzarina, que tenía una cintura de avispa, un seno de buena nodriza y unos ojos incendiarios? ¿O por la viudita Andrea, que al reír sacaba la punta de la lengua, roja y felina, entre sus dientes brillantes y amarfilados?

No, no era ninguna de ésas. Recaredo se quedó con gran asombro.

—Mira, chiquilla, dime la verdad. ¿Quién es ella? Sabes cuánto te adoro, mi Elsa,* mi Julieta,* amor mío. . .

Temblaba tanta verdad de amor en aquellas palabras entrecortadas y trémulas, que Suzette, con los ojos enrojecidos, secos ya de lágrimas, se levantó irguiendo su su linda cabeza heráldica.

—¿Me amas?

—¡Bien lo sabes!

—Deja, pues, que me vengue de mi rival. Ella o yo, escoge. Si es cierto que me adoras, ¿querrías permitir que la aparte para siempre de tu camino, que quede yo sola, confiada en tu pasión?

—Sea —dijo Recaredo. Y viendo irse a su avecita celosa y terca, prosiguió sorbiendo el café negro como la tinta.

No había tomado tres sorbos, cuando oyó un gran ruido de fracaso en el recinto de su taller.

Fue. ¿Que miraron sus ojos? El busto había desaparecido del pedestal de negro y oro, y entre minúsculos mandarines caídos y descolgados abanicos, se veían por el suelo pedazos de porcelana que crujían bajo los pequeños zapatos de Suzette, quien toda encendida y con el cabello suelto, aguardando los besos, decía entre carcajadas argentinas al maridito asustado:

—Estoy vengada. ¡Ha muerto ya para ti la **emperatriz** de la China!

Y cuando comenzó la ardiente reconciliación de los labios, en el saloncito azul, todo lleno de regocijo, el mirlo, en su jaula, se moría de risa.

LA EXTRAÑA MUERTE DE FRAY PEDRO

Visitando el convento de una ciudad española, no ha mucho tiempo, el amable religioso que nos servía de cicerone, al pasar por el cementerio, me señaló una lápida, en que leí únicamente: *Hic iacet frater Petrus.**

—Éste —me dijo— fue uno de los vencidos por el diablo.

—Por el viejo diablo que ya chochea —le dije.

—No —me contestó—; por el demonio moderno que se escuda con la Ciencia.

Y me narró el sucedido.

Fray Pedro de la Pasión era un espíritu perturbado por el maligno espíritu que infunde el ansia de saber. Flaco, anguloso, nervioso, pálido, dividía sus horas conventuales entre la oración, las disciplinas y el laboratorio, que le era permitido por los bienes que atraía a la comunidad. Había estudiado, desde muy joven, las ciencias ocultas. Nombraba, con cierto énfasis, en las horas de conversación, a Paracelso* a Alberto el Grande,* y admiraba profundamente a ese otro fraile Schwartz,* que nos hizo el diabólico favor de mezclar el salitre con el azufre.

Por la ciencia había llegado hasta penetrar en ciertas iniciaciones astrológicas y quirománticas; ella le desviaba de la contemplación y del espíritu de la Escritura. En su alma había animado el mal de la curiosidad, que perdió a nuestros primeros padres. La oración misma era olvidada con frecuencia, cuando algún experimento le mantenía cauteloso y febril. Como toda lectura le era concedida y tenía a su disposición la rica biblioteca del convento, sus autores no fueron siempre los menos equívocos. Así llegó hasta pretender probar sus facultades de zahorí, y a poner a prueba los efectos de la magia blanca. No había duda de que estaba en gran peligro su alma, a causa de su sed de saber y de su olvido de que la ciencia constituye, en el principio, el alma de la Serpiente que ha de ser la esencial potencia del Anticristo, y que para el verdadero varón de fe, *initium sapientiae est timor Domini.* *

II

¡Oh, ignorancia feliz, santa ignorancia! ¡Fray Pedro de la Pasión no comprendía tu celeste virtud, que ha hecho ciertos a los Celestinos.* Huysmans* se ha extendido sobre todo ello. Virtud que pone un celestial nimbo a algunos mínimos, de Dios queridos, entre los esplendores místicos y milagrosos de las hagiografías.

Los doctores explican y comentan altamente, cómo ante los ojos del Espíritu Santo las almas de amor son de mayor manera glorificadas que las almas de entendimiento. Ernest Hello* ha pintado, en los sublimes *vitraux** de sus *Fisonomías de Santos,* a esos beneméritos de la caridad, a esos favorecidos de la humildad, a esos seres columbinos, simples y blancos como los lirios, limpios de corazón, pobres de espíritu, bienaventurados hermanos de los pajaritos del Señor, mirados con ojos cariñosos y sororales por las puras estrellas del firmamento. Joris Karl,* el merecido beato, quizá más tarde consagrado, a pesar de la literatura, en el maravilloso libro en que Durtal* se convierte, viste de resplandores paradisíacos al lego guardapuercos que hace bajar a la pocilga la admiración de los coros arcangélicos, y el aplauso de las potestades de los cielos. Y Fray Pedro de la Pasión no comprendía eso. . .

Él, desde luego creía, creía con la fe de un indiscutible creyente. Mas el ansia de saber le azuzaba el espíritu, le lanzaba a la averiguación de secretos de la naturaleza y de la vida, a tal punto, que no se daba cuenta de cómo esa sed de saber, ese deseo indomlnable de penetrar en lo vedado y en lo arcano del universo era obra del pecado, y añagaza del Bajísimo, para impedirle de esa manera su consagración absoluta a la adoración del Eterno Padre. Y la última tentación sería fatal.

III

Acaeció el caso no hace muchos años. Llegó a manos de Fray Pedro un periódico en que se hablaba detalladamente de todos los progresos realizados en radiografía, gracias al descubrimiento del alemán Röentgen,* quien llegara a encontrar el modo de fotografiar a través de los cuerpos opacos. Supo lo que se comprendía en el tubo Crookes,* de la luz catódica, del rayo X. Vio el facsímil de una mano cuya anatomía se transparentaba claramente, y la patente figura de objetos retratados entre cajas y bultos bien cerrados.

No pudo desde ese instante estar tranquilo, pues algo que era un ansia de su querer de creyente, aunque no viese lo sacrílego que en ello se contenía, punzaba sus anhelos...

¿Cómo podría él encontrar un aparato como los aparatos de aquellos sabios, y que le permitiera llevar a cabo un oculto pensamiento en que se mezclaban su teología y sus ciencias físicas?... ¿Cómo podría realizar en su convento las mil cosas que se amontonaban en su enferma imaginación?

En las horas litúrgicas de los rezos y de los cánticos, notábanlo todos los otros miembros de la comunidad, ya meditabundo, ya agitado como por súbitos sobresaltos, ya con la faz encendida por repentina llama de sangre, ya con la mirada como extática, fija en lo alto, o clavada en la tierra. Y era la obra de la culpa que se afianzaba en el fondo de aquel combatido pecho, el pecado bíblico de la curiosidad, el pecado omnitranscendente de Adán, junto al árbol de la ciencia del Bien y del Mal. Y era mucho más que una tempestad bajo un cráneo... Múltiples y raras ideas se agolpaban en la mente del religioso, que no encontraba la manera de adquirir los preciosos aparatos. ¡Cuánto de su vida no daría él por ver los peregrinos instrumentos de los sabios nuevos en su pobre laboratorio de fraile aficionado y poder sacar *las anheladas pruebas,* hacer los mágicos ensayos que abrían una nueva era en la sabiduría y en la convicción humanas!... Él ofrecería más de lo que se ofreció a Santo Tomás...* Si se fotografiaba ya lo interior de nuestro cuerpo, bien podría pronto el hombre llegar a descubrir visiblemente la naturaleza y origen del alma, y, aplicando la ciencia a las cosas divinas, como podría permitirlo el Espíritu Santo, ¿por qué no aprisionar en las visiones de los éxtasis y en las manifestaciones de los espíritus celestiales sus formas exactas y verdaderas?

¡Si en Lourdes* hubiese habido un Kodak, durante el tiempo de las visiones de Bernardetta!* ¡Si en el momento en que Jesús, o su Santa Madre, favorecen con su presencia corporal a señalados fieles, se aplicase convenientemente la cámara obscura!...

¡Oh, cómo se convencerían los impíos, cómo triunfaría la religión! Así cavilaba, así se estrujaba el cerebro el pobre fraile, tentado por uno de los más encarnizados príncipes de las tinieblas.

IV

Y vino que, en uno de esos momentos, en uno de los instantes en que su deseo era más vivo, en hora en que debía estar entregado a la disciplina y a la oración en su celda se presentó a su vista uno de los hermanos de la comunidad, llevándole un envoltorio bajo el hábito.

—Hermano —le dijo—, os he oído decir que deseabais una de esas máquinas, como esas con que los sabios están maravillando al mundo. Os la he podido conseguir. Aquí la tenéis.

Y depositando el envoltorio en manos del asombrado Fray Pedro, desapareció, sin que éste tuviere tiempo de advertir que debajo del hábito se había mostrado, en el momento de la desaparición, dos patas de chivo.

Fray Pedro, desde el día del misterioso regalo, consagróse a sus experimentos. Faltaba a maitines, no asistía a la misa, excusándose como enfermo. El Padre Provincial solía amonestarle, y todos le veían pasar extraño y misterioso y temían por la salud de su cuerpo y por la de su alma.

Y perseguía su idea dominante. Probó la máquina en sí mismo, en frutos, llaves, dentro de libros y demás cosas usuales. Hasta que un día...

O más bien una noche, el desventurado se atrevió, *por fin*, a realizar su pensamiento. Dirigiose al templo, receloso, a pasos callados. Penetró en la nave principal y se dirigió al altar en que, en el tabernáculo, se hallaba expuesto el Santísimo Sacramento. Sacó el copón. Tomó una sagrada forma. Salió veloz para su celda.

V

Al día siguiente, en la celda de Fray Pedro, se hallaba el señor Arzobispo delante del Padre Provincial.

—Ilustrísimo señor —decía éste—; a Fray Pedro le hemos encontrado muerto. No andaba muy bien de la cabeza. Esos sus estudios creo que le causaron daño.

—¿Ha visto su reverencia esto? —dijo su señoría ilustrísima mostrándole una revelada placa fotográfica que recogió del suelo y en la cual se hallaba, con los brazos desclavados y una dulce mirada en sus divinos ojos, la imagen de Nuestro Señor Jesucristo.

LA RESURRECCIÓN DE LA ROSA

Amiga Pasajera: voy a contarle un cuento. Un hombre tenía una rosa; era una rosa que le había brotado del corazón. ¡Imagínese usted si la vería como un tesoro, si la cuidaría con afecto, si sería para él adorable y valiosa la tierna y querida flor! ¡Prodigios de Dios! La rosa era también un pájaro; parlaba dulcemente, y, en veces, su perfume era tan inefable y conmovedor como si fuera la emanación mágica y dulce de una estrella que tuviera aroma.

Un día, el ángel Azrael pasó por la casa del hombre feliz, y fijó sus pupilas en la flor. La pobrecita tembló, y comenzó a padecer y a estar triste, porque el ángel Azrael es el pálido e implacable mensajero de la muerte. La flor desfalleciente, ya casi sin aliento y sin vida, llenó de angustia al que en ella miraba su dicha. El hombre se volvió hacia el buen Dios, y le dijo:

—Señor: ¿para qué me quieres quitar la flor que nos diste?

Y brilló en sus ojos una lágrima.

Conmovióse el bondadoso Padre, por virtud de la lágrima paternal, y dijo estas palabras:

—Azrael, deja vivir esa rosa. Toma, si quieres, cualquiera de las de mi jardín azul.

La rosa recobró el encanto de la vida. Y ese día, un astrónomo vio, desde su observatorio, que se apagaba una estrella en el cielo.

EL NACIMIENTO DE LA COL

En el paraíso terrenal, en el día luminoso en que las flores fueron creadas, y antes de que Eva fuese tentada por la serpiente, el maligno espíritu se acercó a la más linda rosa nueva en el momento en que ella tendía, a la caricia del celeste sol, la roja virginidad de sus labios.

—Eres bella.

—Lo soy —dijo la rosa.

—Bella y feliz —prosiguió el diablo—. Tienes el color, la gracia y el aroma. Pero...

—¿Pero?...

—No eres útil. ¿No miras esos altos árboles llenos de bellotas? Ésos, a más de ser frondosos, dan alimento a muchedumbres de seres animados que se detienen bajo sus ramas. Rosa, ser bella es poco...

La rosa entonces —tentada como después lo sería la mujer—, deseó la utilidad de tal modo que hubo palidez en su púrpura.

Pasó el Buen Dios después del alba siguiente.

—Padre —dijo aquella princesa floral, temblando en su perfumada belleza—, ¿queréis hacerme útil?

—Sea, hija mía —contestó el Señor sonriendo.

Y entonces vio el mundo la primera col.

PALOMAS BLANCAS Y GARZAS MORENAS[15]

Mi prima Inés era rubia como una alemana. Fuimos criados juntos, desde muy niños, en casa de la buena abuelita, que nos amaba mucho y nos hacía vernos como hermanos, vigilándonos cuidadosamente, viendo que no riñésemos. ¡Adorable la viejecita, con sus trajes a grandes flores, y sus cabellos crespos y recogidos, como una vieja marquesa de Boucher!

*

Inés era un poco mayor que yo. No obstante, yo aprendí a leer antes que ella; y comprendía —lo recuerdo muy bien— lo que ella recitaba de memoria, maquinalmente, en una pastorela, donde bailaba y cantaba delante del Niño Jesús, la hermosa María y el señor San José; todo con el gozo de las sencillas personas mayores de la familia, que reían con risa de miel, alabando el talento de la actrizuela.

Inés crecía. Yo también; pero no tanto como ella. Yo debía entrar a un colegio, en internado terrible y triste, a dedicarme a los áridos estudios del bachillerato,

---

15. Según declara Rubén Darío en su *Historia de mis libros*, el tema de este cuento es autobiográfico, y el escenario su patria. Managua, la capital, está al lado del lago del mismo nombre. Dice el autor que "Todo en él es verdadero, aunque dorado de ilusión juvenil. Es un eco fiel de mi adolescencia amorosa, del despertar de mis sentidos y de mi espíritu ante el enigma de la universal palpitación." (*Obras completas*, I, 200.). La paloma blanca es la prima del poeta, la garza morena se estima que debe ser Rosario Murillo, que años después fue la segunda esposa de él. En su autobiografía, Darío hace otros comentarios sobre este cuento.

a comer los platos clásicos de los estudiantes, a no ver el mundo —¡mi mundo mozo!— y mi casa, mi abuela, mi prima, mi gato, un excelente romano que se restregaba cariñosamente en mis piernas y me llenaba los trajes negros de pelos blancos.

Partí.

Allá en el colegio, mi adolescencia se despertó por completo. Mi voz tomó timbres aflautados y roncos; llegué al período ridículo del niño que pasa a joven. Entonces, por un fenómeno especial, en vez de preocuparme de mi profesor de matemáticas, que no logró nunca hacer que yo comprendiese el binomio de Newton, pensé —todavía vaga y misteriosamente— en mi prima Inés.

Luego tuve relaciones profundas. Supe muchas cosas. Entre ellas, que los besos ·eran un placer exquisito.

Tiempo.

Leí *Pablo y Virginia*. Llegó un fin de año escolar y salí en vacaciones, rápido como una saeta, camino de mi casa. ¡Libertad!

—Mi prima —pero ¡Dios santo, en tan poco tiempo!— se había hecho una mujer completa. Yo delante de ella me hallaba como avergonzado, un tanto serio. Cuando me dirigía la palabra, me ponía a sonreírle con una sonrisa simple.

Ya tenía quince años y medio Inés. La cabellera dorada y luminosa al sol era un tesoro. Blanca y levemente amapolada, su cara era una creación murillesca, si se veía de frente. A veces, contemplando su perfil, pensaba en una soberbia medalla siracusana, en un rostro de princesa. El traje, corto antes, había descendido. El seno, firme y esponjado, era un ensueño oculto y supremo; la voz clara y vibrante, las pupilas azules, inefables, la boca llena de fragancia de vida y de color de púrpura. ¡Sana y virginal primavera!

La abuelita me recibió con los brazos abiertos. Inés se negó a abrazarme, me tendió la mano. Después no me atreví a invitarla a los juegos de antes. Me sentía tímido. ¡Y qué! Ella debía de sentir algo de lo que yo.

¡Yo amaba a mi prima!

Inés, los domingos iba con la abuela a misa, muy de mañana.

Mi dormitorio estaba vecino al de ella. Cuando cantaban los campanarios su sonora llamada matinal, ya estaba yo despierto.

Oía, oreja atenta, el ruido de las ropas. Por la puerta entreabierta veía salir la pareja, que hablaba en voz alta. Cerca de mí pasaba el frufrú de las polleras antiguas de mi abuela y del traje de Inés, coqueto, ajustado, para mí siempre revelador.

¡Oh Eros!

*

—Inés...

—¿...?

Y estábamos solos, a la luz de una luna argentina, dulce, ¡una bella luna de aquellas del país de Nicaragua!

Le dije todo lo que sentía, suplicante, balbuciente, echando las palabras, ya rápidas, ya contenidas, febril y temeroso. Sí, se lo dije todo; las agitaciones sordas y extrañas que en mí experimentaba cerca de ella, el amor, el ansia, los tristes insomnios del deseo, mis ideas fijas en ella allá en mis meditaciones del colegio; y repetía como una oración sagrada la gran palabra: amor. ¡Oh, ella debía de recibir gozosa mi adoración! Creceríamos más, seríamos marido y mujer.

Esperé.

La pálida claridad celeste nos iluminaba. El ambiente nos llevaba perfumes tibios que a mí se me imaginaban propicios para los fogosos amores.

¡Cabellos áureos, ojos paradisiacos, labios encendidos y entreabiertos!

De repente, y con un mohín:

—¡Ve! La tontería...

Y corrió como una gata alegre adonde se hallaba la buena abuela rezando a las calladas sus rosarios y responsos.

Con risa descocada de educanda maliciosa, con aire de locuela:

—¡Eh, abuelita, ya me dijo...!

¡Ellas, pues, sabían que yo «debía decir...»!

Con su reír interrumpía el rezo de la anciana, que se quedó pensativa acariciando las cuentas de su camándula. ¡Y yo, que todo lo veía a la husma, de lejos, lloraba, sí, lloraba lágrimas amargas, las primeras de mis desengaños de hombre!

*

Los cambios fisiológicos que en mí se sucedían y las agitaciones de mi espíritu, me conmovían hondamente, ¡Dios mío! Soñador, un pequeño poeta como me creía, al comenzarme el bozo, sentía llenos de ilusiones la cabeza, de versos los labios, y mi alma y mi cuerpo de púber tenían sed de amor. ¿Cuándo llegaría el momento soberano en que alumbraría una celeste mirada el fondo de mi ser, y aquel en que se rasgaría el velo del enigma atrayente?

Un día, a pleno sol, Inés estaba en el jardín regando trigo, entre los arbustos y las flores, a las que llamaba sus amigas: unas palomas albas, arrulladoras, con sus buches níveos y morosamente musicales. Llevaba un traje —siempre que con ella he soñado la he visto con el mismo— gris azulado, de anchas mangas, que dejaban ver casi por entero los satinados brazos alabastrinos; los cabellos los tenía recogidos y húmedos, y el vello alborotado de su nuca blanca y rosa era para mí como luz crespa; las aves andaban a su alrededor, e imprimían en el suelo oscuro la estrella carminada de sus patas.

Hacía calor. Yo estaba oculto tras los ramajes de unos jazmineros. La devoraba con los ojos. ¡Por fin se acercó por mi escondite la prima gentil! Me vio trémulo, enrojecida la faz, en mis ojos una llama viva y rara y acariciante, y se puso a reír cruelmente, terriblemente. ¡Y bien! ¡Oh, aquello no era posible! Me lancé con rapidez frente a ella. Audaz, formidable ·debía de estar, cuando ella retrocedió, como asustada, un paso.

—¡Te amo!

Entonces tornó a reír. Una paloma voló a uno de sus brazos. Ella la miró dándole granos de trigo entre las perlas de su boca fresca y sensual. Me acerqué más. Mi rostro estaba junto al suyo. Los cándidos animales nos rodeaban. Me turbaba el cerebro una onda invisible y fuerte de aroma femenil. ¡Se me antojaba Inés una paloma hermosa y humana, blanca y sublime, y al propio tiempo llena de fuego, de ardor, un tesoro de dichas! No dije más. Le tomé la cabeza y le di un beso en una mejilla, un beso rápido, quemante de pasión furiosa. Ella, un tanto enojada, salió en fuga. Las palomas se asustaron y alzaron el vuelo formando un opaco ruido de alas sobre los arbustos temblorosos. Yo, abrumado, quedé inmóvil.

*

Al poco tiempo partía a otra ciudad. La paloma blanca y rubia no había, ¡ay! mostrado a mis ojos el soñado paraíso del misterioso deleite.

*

¡Musa ardiente y sacra para mi alma, el día había de llegar! Elena, la graciosa, la alegre, ella fue el nuevo amor. ¡Bendita sea aquella boca, que murmuró por primera vez cerca de mí las inefables palabras!

¡Era allá, en una ciudad que está a la orilla de un lago de mi tierra, un lago encantador, lleno de islas floridas, con pájaros de colores!

Los dos solos estábamos cogidos de las manos, sentados en el viejo muelle, debajo del cual el agua glauca y oscura chapoteaba musicalmente. Había un crepúsculo acariciador, de aquellos que son la delicia de los enamorados tropicales. En el cielo opalino se veía una diafanidad apacible que disminuía hasta cambiarse en tonos de violeta oscuro, por la parte de Oriente, y aumentaba convirtiéndose en oro sonrosado en el horizonte profundo, donde vibraban oblicuos, rojos y desfallecientes los últimos rayos solares. Arrastrada por el deseo, me miraba la adorada mía y nuestros ojos se decían cosas ardorosas y extrañas. En el fondo de nuestras almas cantaban un unísono embriagador como dos invisibles y divinas filomelas.

Yo, extasiado, veía a la mujer tierna y ardiente; con su cabellera castaña que acariciaba con mis manos, su rostro color canela y rosa, su boca cleopatrina, su cuerpo gallardo y virginal; y oía su voz queda, muy queda, que me decía frases cariñosas, tan bajo, como que sólo eran para mí, temerosa quizá de que se las llevase el viento vespertino. Fija en mí, me inundaban de felicidad sus ojos de Minerva, ojos verdes, ojos que deben siempre gustar a los poetas. Luego erraban nuestras miradas por el lago, todavía lleno de vaga claridad. Cerca de la orilla se detuvo un gran grupo de garzas. Garzas blancas, garzas morenas, de esas que cuando el día calienta llegan a las riberas a espantar a los cocodrilos, que con las anchas mandíbulas abiertas beben sol sobre las rocas negras. ¡Bellas garzas! Algunas ocultaban los largos cuellos en la onda, o bajo el ala, y semejaban grandes manchas de flores vivas y sonrosadas, móviles y apacibles. A veces una, sobre una pata, se alisaba con el pico las plumas, o permanecía inmóvil, escultural y hieráticamente, o varias daban un corto vuelo, formando en el fondo de la ribera llena de verde, o en el cielo, caprichosos dibujos, como las bandadas de grullas de un parasol chino.

Me imaginaba, junto a mi amada, que de aquel país de la altura me traerían las garzas muchos versos desconocidos y soñadores. Las garzas blancas las encontraba más puras y más voluptuosas, con la pureza de la paloma y la voluptuosidad del cisne; garridas, con sus cuellos reales, parecidos a los de las damas inglesas que junto a los pajecillos rizados se ven en aquel cuadro en que Shakespeare recita en la corte de Londres. Sus alas, delicadas y albas, hacen pensar en desfallecientes sueños nupciales, todas —bien dice el poeta— como cinceladas en jaspe.

¡Ah, pero las otras tenían algo de más encantador para mí! Mi Elena se me antojaba como semejante a ellas, con su color de canela y de rosa, gallarda y gentil.

Ya el sol desaparecía arrastrando toda su púrpura opulenta de rey oriental. Yo había halagado a la amada tiernamente con mis juramentos y frases melifluas y cálidas, y juntos seguíamos en un lánguido dúo de pasión inmensa. Habíamos sido hasta ahí dos amantes soñadores, consagrados místicamente uno a otro.

De pronto, y como atraídos por una fuerza secreta, en un momento inexplicable, nos besamos la boca, todos trémulos, con un beso para mí sacratísimo y supremo: el primer beso recibido de labios de mujer. ¡Oh Salomón, bíblico y real poeta, tú lo dijiste como nadie: *Mel et lac sub lingua tua!*

*

¡Ah, mi adorable, mi bella, mi querida garza morena! Tú tienes en los recuerdos que en mi alma forman lo más alto y sublime, una luz inmortal.

Porque tú me revelaste el secreto de las delicias divinas en el inefable primer instante de amor.

EN CHILE

I

EN BUSCA DE CUADROS

Sin pinceles, sin paleta, sin papel, sin lápiz, Ricardo, poeta lírico incorregible, huyendo de las agitaciones y turbulencias, de las máquinas y de los fardos, del ruido monótono de los tranvías y el chocar de los caballos con su repiqueteo de caracoles sobre las piedras; del tropel de los comerciantes; del grito de los vendedores de diarios; el incesante bullicio e inacabable hervor de este puerto; en busca de impresiones y de cuadros, subió al cerro Alegre que, gallardo como una gran roca florida, luce sus flancos verdes, sus montículos coronados de casas risueñas escalonadas en la altura, rodeadas de jardines, con ondeantes cortinas de enredaderas, jaulas de pájaros, jarros de flores, rejas vistosas y niños rubios de caras angelicales.

Abajo estaban las techumbres del Valparaíso* que hace transacciones, que anda a pie como una ráfaga, que puebla los almacenes e invade los bancos, que viste por la mañana terno crema o plomizo, a cuadros, con sombrero de paño, y por la noche bulle en la calle del Cabo con lustroso sombrero de copa, abrigo al brazo y guantes amarillos, viendo a la luz que brota de las vidrieras los lindos rostros de las mujeres que pasan.

Más allá, el mar, acerado, brumoso, los barcos en grupo, el horizonte azul y lejano. Arriba, entre opacidades, el sol. Donde estaba el soñador empedernido, casi casi en lo más alto del cerro, apenas si se sentían los estremecimientos de abajo. Erraba él a lo largo del camino de Cintura, e iba pensando en idilios, con toda la augusta desfachatez de un poeta que fuera millonario.

Había allí aire fresco para sus pulmones, casas sobre cumbres, como nidos al viento, donde bien podía darse el gusto de colocar parejas enamoradas, y tenía además el inmenso espacio azul, del cual —él lo sabía perfectamente— los que hacen los salmos y los himnos pueden disponer como les venga en antojo.

De pronto escuchó: "¡Mary! ¡Mary!" Y él, que andaba a caza de impresiones y en busca de cuadros, volvió la vista.

II

ACUARELA

Había cerca un bello jardín, con más rosas que azaleas y más violetas que rosas. Un bello y pequeño jardín con jarrones, pero sin estatuas, con una pila blanca, pero sin surtidores, cerca de una casita como hecha para un cuento dulce y feliz.

En la pila un cisne chapuzaba revolviendo el agua, sacudiendo las alas de un blancor de nieve, enarcando el cuello en la forma del brazo de una lira o del asa de un ánfora, y moviendo el pico húmedo y con tal lustre como si fuese labrado en ágata de color de rosa.

En la puerta de la casa, como extraída de una novela de Dickens,* estaba una de esas viejas inglesas, únicas, solas, clásicas, con la cofia encintada. los anteojos sobre la nariz, el cuerpo encorvado, las mejillas arrugadas; mas con olor de manzana madura y salud rica. sobre la saya oscura, el delantal.

Llamaba:

—¡Mary!

El poeta vio llegar una joven de un rincón del jardín, hermosa, triunfal, sonriente; y no quiso tener tiempo sino para meditar en que son adorables los cabellos dorados cuando flotan sobre las nucas marmóreas y en que hay rostros que valen bien por un alba.

Luego todo era delicioso. Aquellos quince años entre las rosas —quince años, sí, los estaban pregonando unas pupilas serenas de niña, un seno apenas erguido, una frescura primaveral y una falda hasta el tobillo, que dejaba ver el comienzo turbador de una media de color de carne—; aquellos rosales temblorosos que hacían ondular sus arcos verdes; aquellos durazneros con sus ramilletes alegres donde se detenían al paso las mariposas errantes llenas de polvo de oro, y las libélulas de alas cristalinas e irisadas; aquel cisne en la ancha taza, esponjando el alabastro de sus plumas, y zambulléndose entre espumajes y burbujas, con voluptuosidad, en la transparencia del agua; la casita limpia, pintada, apacible, de donde emergía como una onda de felicidad: y en la puerta la anciana, un invierno en medio de toda aquella vida, cerca de Mary, una virginidad en flor.

Ricardo, poeta lírico que andaba a caza de cuadros, estaba allí con la satisfacción de un goloso que paladea cosas exquisitas.

Y la anciana y la joven:

—¿Qué traes?

—Flores.

Mostraba Mary su falda llena como de iris hechos trizas, que revolvía con una de sus manos gráciles de ninfa, mientras sonriendo su linda boca purpurada, sus ojos abiertos en redondo dejaban ver un color de lapislázuli y una humedad radiosa. El poeta siguió adelante.

III

PAISAJE

A poco de andar se detuvo.

El sol había roto el velo opaco de las nubes y bañaba de claridad áurea y perlada un recodo del camino.

Allí unos cuantos sauces inclinaban sus cabelleras verdes hasta rozar el césped. En el fondo se divisaban altos barrancos, y, en ellos, tierra negra, tierra roja, pedruscos brillantes como vidrios. Bajo los sauces agobiados ramoneaban sacudiendo sus testas filosóficas —¡oh gran maestro Hugo!—* unos asnos; y cerca de ellos un buey gordo, con sus grandes ojos melancólicos y pensativos, donde ruedan miradas y ternuras de éxtasis supremos y desconocidos, mascaba despacio y con cierta pereza la pastura. Sobre todo flotaba un vaho cálido, y el grato olor campestre de las hierbas chafadas. Veíase en lo profundo un trozo de azul. Un huaso robusto, uno de esos fuertes campesinos, toscos hércules que detienen un toro, apareció de pronto en lo más alto de los barrancos. Tenía tras de sí el vasto cielo. Las piernas, todas músculo, las llevaba desnudas. En uno de sus brazos traía una cuerda gruesa y arrollada. Sobre su cabeza, como un gorro de nutria, sus cabellos enmarañados, tupidos, salvajes.

Llegóse al buey en seguida y le echó el lazo a los cuernos. Cerca de él, un perro con la lengua fuera, acezando, movía el rabo y daba brincos.

IV

AGUAFUERTE

De una casa cercana salía un ruido metálico y acompasado.

En un recinto estrecho, entre paredes llenas de hollín, negras, muy negras, trabajaban unos hombres en la forja. Uno movía el fuelle que resoplaba, haciendo crepitar el carbón, lanzando torbellinos de chispas y llamas como lenguas pálidas, áureas, azulejas, resplandecientes. Al brillo del fuego en que se enrojecían largas barras de hierro, se miraban los rostros de los obreros con un reflejo trémulo. Tres yunques ensamblados en toscas armazones resistían el batir de los machos que aplastaban el metal candente, haciendo saltar una lluvia enrojecida. Los forjadores vestían camisas de lana de cuellos abiertos y largos delantales de cuero. Alcanzábaseles a ver el pescuezo gordo y el principio del pecho velludo, y salían de las mangas holgadas los brazos gigantescos, donde, como en los de Anteo* parecían los músculos redondas piedras de las que deslavan y pulen los torrentes. En aquella negrura de caverna, al resplandor de las llamaradas, tenían tallas de cíclopes. A un lado, una ventanilla dejaba pasar apenas un haz de rayos de sol. A la entrada de la forja, como en un marco oscuro, una muchacha blanca comía uvas. Y sobre aquel fondo de hollín y de carbón, sus hombros delicados y tersos que estaban desnudos, hacían resaltar su bello color de lis, con un casi imperceptible tono dorado.

V

LA VIRGEN DE LA PALOMA

Anduvo, anduvo.

Volvía ya a su morada. Dirigíase al ascensor cuando oyó una risa infantil, armónica, y él, poeta incorregible, buscó los labios de donde brotaba aquella risa.

Bajo un cortinaje de madreselvas, entre plantas olorosas y maceteros floridos, estaba una mujer pálida, augusta, madre, con un niño tierno y risueño. Sosteníale en uno de sus brazos, el otro lo tenía en alto, y en la mano una paloma, una de esas palomas albísimas que arrullan a sus pichones de alas tornasoladas, inflando el buche como un seno de virgen, y abriendo el pico de donde brota la dulce música de su caricia.

La madre mostraba al niño la paloma, y el niño, en su afán de cogerla, abría los ojos, estiraba los bracitos, reía gozoso; y su rostro al sol tenía como un nimbo; y la madre con la tierna beatitud de sus miradas, con su esbeltez solemne y gentil, con la aurora en las pupilas y la bendición y el beso en los labios, era como una azucena sagrada, como una María llena de gracia, irradiando la luz de un candor inefable. El Niño Jesús, real como un Dios infante, precioso como un querubín paradisíaco, quería asir aquella paloma blanca, bajo la cúpula inmensa del cielo azul.

Ricardo descendió y tomó el camino de su casa.

VI

LA CABEZA

Por la noche, sonando aún en sus oídos la música del Odeón y los parlamentos de Astol; de vuelta de las calles donde escuchara el ruido de los coches y la triste melopea de los "tortilleros", aquel soñador se encontraba en su mesa de trabajo, donde las cuartillas inmaculadas estaban esperando las silvas y los sonetos de costumbre a las mujeres de los ojos ardientes.

¡Qué silvas! ¡Qué sonetos! La cabeza del poeta lírico era una orgía de colores y de sonidos. Resonaban en las concavidades de aquel cerebro martilleos de cíclopes, himnos al son de tímpanos sonoros, fanfarrias bárbaras, risas cristalinas, gorjeos de pájaros, batir de alas y estallar de besos, todo como en ritmos locos y revueltos. Y los colores agrupados estaban como pétalos de capullos distintos confundidos en una bandeja, o como la endiablada mezcla de tintas que llena la paleta de un pintor...

VII

ACUARELA

Primavera. Ya las azucenas floridas y llenas de miel han abierto sus cálices pálidos bajo el oro del sol. Ya los gorriones tornasolados, esos amantes acariciadores, adulan a las rosas frescas, esas opulentas y purpuradas emperatrices; ya el jazmín, flor sencilla, tachona los tupidos ramajes como una blanca estrella sobre un cielo verde. Ya las damas elegantes visten sus trajes claros, dando al olvido las pieles y los abrigos invernales.

Y mientras el sol se pone, sonrosando las nieves con una claridad suave, junto a los árboles de la Alameda que lucen sus cumbres resplandecientes, su esbeltez solemne y sus hojas nuevas, en un polvo de luz, bulle un enjambre humano, en un ruido de música, cuchicheos vagos y palabras fugaces.

He aquí el cuadro. En primer término está la negrura de los coches que esplende y quiebra los últimos reflejos solares; los caballos orgullosos con el brillo de sus arneses, con sus cuellos estirados e inmóviles de brutos heráldicos; los cocheros taciturnos, en su quietud de indiferentes, luciendo sobre las largas libreas los botones metálicos flamantes; y en el fondo de los carruajes, reclinadas como odaliscas, erguidas como reinas, las mujeres rubias de los ojos soñadores, las que tienen cabelleras negras y rostros pálidos, las rosadas adolescentes que ríen con alegría de pájaro primaveral; bellezas lánguidas, hermosuras audaces, castos lirios albos y tentaciones ardientes.

En esa portezuela está un rostro apareciendo de modo que semeja el de un querubín; por aquélla ha salido una mano enguantada que se dijera de niño, y es de morena tal que llama los corazones; más allá se alcanza a ver un pie de Cenicienta* con su zapatito oscuro y media lila, y acullá, gentil con sus gestos de diosa, bella con su color marfil amapolado, su cuello real y la corona de su cabellera, está la Venus de Milo, no manca, sino con dos brazos, gruesos como los muslos de un querubín de Murillo,* y vestida a la última moda de París.

Más allá está el oleaje de los que van y vienen: parejas de enamorados, hermanos y hermanas grupos de caballeritos irreprochables: todo en la confusión de los rostros, de las miradas, de los colorines, de los vestidos, de las capotas, resaltando a veces en el fondo negro y aceitoso de los elegantes sombreros de copa, una cara blanca de mujer, un sombrero de paja adornado de colorines, de cintas o de plumas, o el inflado globo rojo de goma que pendiente de un hilo lleva un niño risueño, de medias azules, zapatos charolados y holgado cuello a la marinera.

En el fondo, los palacios elevan al azul la soberbia de sus fachadas, en las que los álamos erguidos rayan columnas hojosas entre el abejeo trémulo y desfalleciente de la tarde fugitiva.

VIII

UN RETRATO DE WATTEAU*

Estáis en los misterios de un tocador. Estáis viendo ese brazo de ninfa, esas manos diminutas que empolvan el haz de rizos rubios de la cabellera espléndida. La araña de luces opacas derrama la languidez de su girándula por todo el recinto. Y he aquí que al volverse ese rostro, soñamos en los buenos tiempos pasados. Una marquesa contemporánea de madama de Maintenón,* solitaria en su gabinete, da las últimas manos a su tocado.

Todo está correcto: los cabellos, que tienen todo el Oriente en sus hebras, empolvados y crespos; el cuello del corpiño, ancho y en forma de corazón hasta dejar ver el principio del seno firme y pulido; las mangas abiertas, que muestran blancuras incitantes; el talle ceñido que se balancea, y el rico faldellín de largos vuelos, el pie pequeño en el zapato de tacones rojos.

Mirad las pupilas azules y húmedas, la boca de dibujo maravilloso, con una sonrisa enigmática de esfinge, quizá un recuerdo del amor galante, del madrigal recitado junto al tapiz de figuras pastoriles o mitológicas, o del beso a furto, tras la estatua de algún silvano, en la penumbra.

Vese la dama de pies a cabeza, entre dos grandes espejos; calcula el efecto de la mirada, del andar, de la sonrisa, del vello casi impalpable que agitará el viento de la danza en su nuca fragante y sonrosada. Y piensa y suspira; y flota aquel suspiro en ese aire impregnado de aroma femenino que hay en un tocador de mujer.

Entretanto, la contempla con sus ojos de mármol una Diana* que se alza irresistible y desnuda sobre su plinto; y le ríe con audacia un sátiro de bronce que sostiene entre los pámpanos de su cabeza un candelabro; y en el asa de un jarrón de Rouen* lleno de agua perfumada, le tiende los brazos y los pechos una sirena con la cola corva y brillante de escamas argentinas, mientras en el plafón en forma de óvalo, va por el fondo inmenso y azulado, sobre el lomo de toro robusto y divino, la bella Europa, entre los delfines áureos y tritones corpulentos, que sobre el vasto ruido de las ondas hacen vibrar el ronco estrépito de sus resonantes caracoles.

La hermosa está satisfecha; ya pone perlas en la garganta y calza las manos en seda; ya rápida se dirige a la puerta donde el carruaje espera y el tronco piafa. Y hela ahí, vanidosa y gentil, a esa aristocrática santiaguesa, que se dirige a un baile de fantasía de manera que el gran Watteau* le dedicaría sus pinceles.

IX

NATURALEZA MUERTA

He visto ayer por una ventana un tiesto lleno de lilas y de rosas pálidas, sobre un trípode. Por fondo tenía uno de esos cortinajes amarillos y opulentos; que hacen pensar en los mantos de los príncipes orientales. Las lilas recién cortadas resaltaban con su lindo color apacible, junto a los pétalos esponjados de las rosas de té.

Junto al tiesto, en una copa de laca ornada con ibis de oro incrustados, incitaban a la gula manzanas frescas, medio coloradas con la pelusilla de la fruta nueva y la sabrosa carne hinchada que toca el deseo; peras doradas y apetitosas, que daban indicios de ser todas jugo y como esperando el cuchillo de plata que debía rebanar la pulpa almibarada; y un ramillete de uvas negras, hasta con el polvillo ceniciento de los racimos acabados de arrancar de la viña.

Acerquéme, vilo de cerca todo. Las lilas y las rosas eran de cera; las manzanas y las peras de mármol pintado, y las uvas, de cristal.

X

AL CARBÓN

Vibraba el órgano con sus voces trémulas, vibraba acompañando la antífona, llenando la nave con su armonía gloriosa. Los cirios ardían goteando sus lágrimas de cera entre la nube de incienso que inundaba los ámbitos del templo con su aroma sagrado; y allá en el altar, el sacerdote, todo resplandeciente de oro, alzaba la custodia cubierta de pedrería bendiciendo a la muchedumbre arrodillada.

De pronto, volví la vista cerca de mí, al lado de un ángulo de sombra. Había una mujer que oraba. Vestida de negro, envuelta en un manto, su rostro se destacaba severo, sublime, teniendo por fondo la vaga oscuridad de un confesonario. Era una bella faz de ángel, con la plegaria en los ojos y en los labios. Había en su frente una palidez de flor de lis, y en la negrura de su manto resaltaban juntas, pequeñas, las manos blancas y adorables. Las luces se iban extinguiendo, y a cada momento aumentaba lo oscuro del fondo, y entonces, por un ofuscamiento, me parecía ver aquella faz iluminarse con una luz blanca misteriosa, como la que debe de haber en la región de los coros prosternados y de los querubines ardientes; luz alba, polvo de nieve, claridad celeste, onda santa que baña los ramos de lirio de los bienaventurados.

Y aquel pálido rostro de virgen, envuelta ella en el manto y en la noche, en aquel rincón de sombra, habría sido un tema admirable para un estudio al carbón.

XI

PAISAJE

Hay allá, en las orillas de la laguna de la Quinta, un sauce melancólico que moja de continuo su cabellera verde en el agua, que refleja el cielo y los ramajes como si tuviese en su fondo un país encantado.

Al viejo sauce llegan aparejados los pájaros y los amantes. Allí es donde escuché una tarde —cuando del sol quedaba apenas en el cielo un tinte violeta que se esfumaba por las ondas, y sobre el gran Andes nevado un decreciente color de rosa, que era como tímida caricia de la luz enamorada—, un rumor de besos cerca del tronco agobiado y un aleteo en la cumbre.

Estaban los dos, la amada y el amado, en un banco rústico, bajo el toldo del sauce. Al frente se extendía la laguna tranquila, con su puente enarcado y los árboles temblorosos de la ribera; y más allá se alzaba, entre el verdor de las hojas, la fachada del palacio de la Exposición, con sus cóndores de bronce en actitud de volar.

La dama era hermosa; él, un gentil muchacho, que le acariciaba con los dedos y los labios los cabellos negros y las manos gráciles de ninfa.

Y sobre las dos almas ardientes y sobre los dos cuerpos juntos, cuchicheaban, en lengua rítmica y alada, las aves. Y arriba el cielo, con su inmensidad y con su fiesta de nubes, plumas de oro, alas de fuego, vellones de púrpura, fondos azules flordelisados de ópalo, derramaba la magnificencia de su pompa, la soberanía de su grandeza augusta.

Bajo las aguas se agitaban, como en un remolino de sangre viva, los peces veloces de aletas doradas.

Al resplandor crepuscular, todo el paisaje se veía como envuelto en una polvareda de sol tamizado, y eran el alma del cuadro aquellos dos amantes: él, moreno, gallardo, vigoroso, con una barba fina y sedosa, de esas que gustan de tocar las mujeres; ella, rubia —¡un verso de Goethe!—,* vestida con un traje gris lustroso, y en el pecho una rosa fresca, como su boca roja que pedía el beso.

XII.

EL IDEAL

Y luego una torre de marfil, una flor mística, una estrella a quien enamorar... Pasó, la vi como quien viera un alba, huyente, rápida, implacable.

Era una estatua antigua como un alma que se asomaba a los ojos, ojos angelicales, todos ternura, todos cielo azul, todos enigma.

Sintió que la besaba con mis miradas y me castigó con la majestad de su belleza, y me vio como una reina y como una paloma. Pero pasó arrebatadora, triunfante, como una visión que deslumbra. Y yo, el pobre pintor de la Naturaleza y de Psiquis,* hacedor de ritmos y de castillos aéreos, vi el vestido luminoso del hada, la estrella de su diadema, y pensé en la promesa ansiada del amor hermoso. Mas de aquel rayo supremo y fatal, sólo quedó en el fondo de mi cerebro un rostro de mujer, un sueño azul.

LOS RAROS
(Buenos Aires, 1896, y París, 1905)

PRÓLOGO

a la segunda edición.

Fuera de las notas sobre Mauclair y Adam, todo lo contenido en este libro fue escrito hace doce años en Buenos Aires, cuando en Francia estaba el simbolismo en pleno desarrollo. Me tocó dar a conocer en América este movimiento, y por ello, y por mis versos de entonces, fui atacado y calificado con la inevitable palabra "decadente...". Todo eso ha pasado – – como mi fresca juventud.

Hay en estas páginas mucho entusiasmo, admiración sincera, mucha lectura y no poca buena intención. En la evolución natural de mi pensamiento, el fondo ha quedado siempre el mismo. Confesaré, no obstante, que me he acercado a algunos de mis ídolos de antaño, y he reconocido más de un engaño de mi manera de percibir.

Restan la misma pasión de arte, el mismo reconocimiento de las jerarquías Intelectuales, el mismo desdén de lo vulgar y la misma religión de belleza. Pero una razón autumnal ha sucedido a las explosiones de la primavera.

Rubén Darío.

París, enero de 1905.

101

JOSÉ MARTÍ

El fúnebre cortejo de Wágner,* exigiría los truenos
solemnes del *Tannhauser*,* para acompañar a su sepulcro
a un dulce poeta bucólico irían, como en los bajorrelieves,
flautistas que hiciesen lamentarse a sus melodiosas dobles
flautas; para los instantes en que se quemase el cuerpo
de Melesígenes,* vibrantes coros de liras; para acompañar
—¡Oh!, permitid que diga su nombre delante de la gran
Sombra épica; de todos modos, malignas sonrisas que
podáis aparecer, ¡ya está muerto!—, para acompañar,
americanos todos que habláis idioma español, el entierro
de José Martí, necesitaríase su propia lengua, su órgano
prodigioso lleno de innumerables registros, sus potentes
coros verbales, sus trompas de oro, sus cuerdas quejosas,
sus oboes sollozantes, sus flautas, sus tímpanos, sus
liras, sus sistros. ¡Sí, americanos, hay que decir quién
fue aquel grande que ha caído! Quien escribe estas líneas,
que salen atropelladas de corazón y cerebro no es de los
que creen en las riquezas existentes de América... Somos
muy pobres... tan pobres, que nuestros espíritus, si
no viniese el alimento extranjero, se morirían de hambre.
¡Debemos llorar mucho por esto al que ha caído! Quien
murió allá en Cuba, era de lo mejor, de lo poco que tene-
mos nosotros los pobres; era millonario y dadivoso;
vaciaba su riqueza a cada instante, y como por la magia
del cuento, siempre quedaba rico: hay entre los enormes
volúmenes de la colección de *La Nación*,* tanto de su
metal fino y piedras preciosas, que podría sacarse de allí
la mejor y más rica estatua. Antes que nadie, Martí hizo
admirar el secreto de las fuentes luminosas. Nunca la

lengua nuestra tuvo mejores tintas, caprichos y bizarrías. Sobre el Niágara castelariano,* milagrosos iris de América. ¡Y qué gracia tan ágil, y qué fuerza natural tan sostenida y magnífica!

Otra verdad aún, aunque pese más al asombro sonriente: eso, que se llama el genio, fruto tan solamente de árboles centenarios; ese majestuoso fenómeno del intelecto elevado a su mayor potencia, alta maravilla creadora, el Genio, en fin, que no ha tenido aún nacimiento en nuestras Repúblicas, ha intentado aparecer dos veces en América; la primera en un hombre ilustre de esta tierra, la segunda en José Martí. Y no era Martí, como pudiera creerse, de los semigenios de que habla Méndes,* incapaces de comunicar con los hombres porque sus alas les levantan sobre la cabeza de éstos, e incapaces de subir hasta los dioses, porque el vigor no les alcanza y aún tiene fuerza la tierra para atraerles. El cubano era "un hombre". Más aún: era como debería ser el verdadero superhombre: grande y viril; poseído del secreto de su excelencia, en comunión con Dios y con la Naturaleza.

En comunión con Dios vivía el hombre de corazón suave e inmenso; aquel hombre que aborreció el mal y el dolor, aquel amable león, de pecho columbino, que pudiendo desjarretar, aplastar, herir, morder, desgarrar, fue siempre seda y miel hasta con sus enemigos. Y estaba en comunión con Dios, habiendo ascendido hasta Él por la más firme y segura de las escalas, la escala del Dolor. La piedad tenía en su ser un templo: por ella diríase que siguió su alma los cuatro ríos de que habla Ruysbrock* el Admirable; el río que asciende, que conduce a la divina altura; el que lleva a la compasión por las almas cautivas; los otros dos que envuelven todas las miserias y pesadumbres del herido y perdido rebaño humano. Subió a Dios por la compasión y por el dolor. ¡Padeció mucho Martí! : desde las túnicas consumidoras, del temperamento y de la enfermedad, hasta la inmensa pena del señalado que se siente desconocido entre la general estolidez ambiente; y, por último, desbordante de amor y de patriótica locura, consagróse a seguir una triste estrella, la estrella solitaria de la Isla, estrella engañosa que llevó a ese desventurado rey mago a caer de pronto en la más negra muerte.

¡Los tambores de la mediocridad, los clarines del patrioterismo tocarán dianas celebrando la gloria política del Apolo* armado de espadas y pistolas, que ha caído, dando su vida, preciosa para la Humanidad y para el Arte y para el verdadero triunfo futuro de América, combatiendo entre el negro Guillermón* y el general Martínez Campos!

¡Oh, Cuba! ¡Eres muy bella, ciertamente, y hacen gloriosa obra los hijos tuyos que luchan porque te quieren libre; y bien hace el español de no dar paz a la mano por temor de perderte, Cuba admirable y rica y cien veces bendecida por mi lengua; mas la sangre de Martí no te pertenecía; pertenecía a toda una raza, a todo un continente; pertenecía a una briosa juventud que pierde en él quizá al primero de sus maestros; pertenecía al porvenir!

Cuando Cuba se desangró en la primera guerra, la guerra de Céspedes;* cuando el esfuerzo de los deseosos de libertad no tuvo más fruto que muerte e incendios y carnicerías, gran parte de la intelectualidad cubana partió al destierro. Muchos de los mejores se expatriaron, discípulos de don José de la Luz,* poetas, pensadores, educacionistas. Aquel destierro todavía dura para algunos que no han dejado sus huesos en patria ajena, o no han vuelto ahora a la manigua. José Joaquín Palma,* que salió a la edad de Lohengrin,* con una barba rubia como la de él, y gallardo como sobre el cisne de su poesía, después de arrullar sus décimas "a la estrella solitaria" de república en república, vio nevar en su barba de oro, siempre con ansias de volver a su Bayamo,* de donde salió al campo de pelear después de quemar su casa. Tomás Estrada* Palma, pariente del poeta, varón probo, discreto y lleno de luces, y hoy elegido presidente por los revolucionarios, vivió de maestro de escuela en la lejana Honduras; Antonio Zambrana, orador de fama justa, en las Repúblicas del Norte, que a punto estuvo de ir a las Cortes, en donde habría honrado a los americanos, se refugió en Costa Rica, y allí abrió su estudio de abogado; Izaguirre* fue a Guatemala; el poeta Sellén,* el celebrado traductor de Heine,* y su hermano, otro poeta, fueron a Nueva York, a hacer almanaques para las píldoras de Lamman y Kemp, si no mienten los decires; Martí, el gran Martí, andaba de tierra en tierra, aquí en tristezas, allá en los abominables cuidados de las pequeñas miserias de la falta de oro en suelo extranjero; ya triunfando, porque a la postre la garra es garra y se impone, ya padeciendo las consecuencias de su antagonismo con la imbecilidad humana; periodista, profesor, orador; gastando el cuerpo y sangrando el alma; derrochando las esplendideces de su interior, en lugares en donde jamás se podría saber el valor del altísimo ingenio y se le infligiría además el baldón del elogio de los ignorantes; tuvo, en cambio, grandes gozos; la comprensión de su vuelo por los raros que le conocían hondamente; el satisfactorio aborrecimiento de los tontos; la acogida que l'élite de la Prensa americana —En Buenos Aires y México— tuvo para sus correspondencias y artículos de colaboración.

Anduvo, pues, de país en país, y por fin, después de una permanencia en Centro América, partió a radicarse a Nueva York.

Allá, a aquella ciclópea ciudad, fue aquel caballero del pensamiento a trabajar y a bregar más que nunca. Desalentado —él, tan grande y tan fuerte, ¡Dios mío!—, desalentado en sus ensueños de Arte, remachó con triples clavos dentro de su cráneo la imagen de su estrella solitaria, y, dando tiempo al tiempo, se puso a forjar armas para la guerra, a golpe de palabra y a fuego de idea. Paciencia, la tenía; esperaba y veía como una vaga "fata morgana",* su soñada Cuba libre. Trabajaba de casa en casa, en los muchos hogares de gentes de Cuba que en Nueva York existen; no desdeñaba al humilde: al humilde le hablaba como un buen hermano mayor aquel sereno e indomable carácter, aquel luchador que hubiera hablado como Elciis, los cuatro días seguidos, delante del poderoso Otón rodeado de reyes.

Su labor aumentaba de instante en instante, como si activase más la savia de su energía aquel inmenso hervor metropolitano. Y visitando al doctor de la Quinta Avenida, al corredor de la Bolsa, y al periodista y al alto empleado de La Equitativa, y al cigarrero y al negro marinero, a todos los cubanos neoyorquinos, para no dejar apagar el fuego, para mantener el deseo de guerra, luchando aún con más o menos claras rivalidades, pero, es lo cierto, querido y admirado de todos los suyos, tenía que vivir, tenía que trabajar, entonces eran aquellas cascadas literarias que a estas columnas venían y otras que iban a diarios de Méjico y Venezuela. No hay duda de que ese tiempo fue el más hermoso tiempo de José Martí. Entonces fue cuando se mostró su personalidad intelectual más bellamente. En aquellas kilométricas epístolas, si apartáis una que otra rara ramazón sin flor o fruto, hallaréis en el fondo, en lo macizo del terreno, regentes y ko-hinoores.

Allí aparecía Martí pensador, Martí filósofo, Martí pintor, Martí músico, Martí poeta siempre. Con una magia incomparable hacía ver unos Estados Unidos vivos y palpitantes, con su sol y sus almas. Aquella "Nación"* colosal, la "sabana" de antaño, presentaba en sus columnas, a cada correo de Nueva York, espesas inundaciones de tinta. Los Estados Unidos de Bourget* deleitan y divierten; los Estados Unidos de Groussac* hacen pensar, los Estados Unidos de Martí son estupendo y encantador diorama que casi se diría aumenta el color de la visión real. Mi memoria se pierde en aquella montaña de imágenes, pero bien recuerdo un Grant* marcial y un Sherman* heroico que no he visto más bellos en otra parte; una llegada de héroes del Polo; un puente de Brooklyn literario igual al de hierro; una hercúlea descripción de una exposición agrícola, vasta como los establos de Augías;* unas primaveras floridas y unos veranos, ¡oh, sí! mejores que los naturales; unos indios sioux que hablaban en lengua de Martí como el Manitú mismo les inspirase; unas nevadas que daban frío verdadero, y un Walt Whitman* patriarcal, prestigioso, líricamente augusto, antes, mucho antes de que Francia conociera por Sarrazin* al bíblico autor de las Hojas de hierba.*

Y, cuando el famoso Congreso Panamericano,* sus cartas fueron sencillamente un libro. En aquellas correspondencias hablaba de los peligros del yankee, de los

107

ojos cuidadosos que debía tener la América Latina respecto a la Hermana mayor; y del fondo de aquella frase que una boca argentina opuso a la frase de Monroe.*

Era Martí de temperamento nervioso, delgado, de ojos vivaces y bondadosos. Su palabra suave y delicada en el trato familiar, cambiaba su raso y blandura en la tribuna, por los violentos cobres oratorios. Era orador, y orador de grande influencia. Arrastraba muchedumbres. Su vida fue un combate. Era blandílocuo y cortesísimo con las damas; las cubanas de Nueva York teníanle en justo aprecio y cariño, y una sociedad femenina había, que llevaba su nombre.

Su cultura era proverbial, su honra intacta y cristalina; quien se acercó a él se retiró queriéndole.

Y era poeta: y hacía versos.

Sí, aquel prosista que siempre fiel a la Castalia* clásica se abrevó en ellos todos los días, al propio tiempo que por su constante comunión con todo lo moderno y su saber universal y políglota, formaba su manera especial y peculiarísima, mezclando en su estilo a Saavedra Fajardo* con Gautier,* con Goncourt* —con el que gustéis, pues de todo tiene—; usando a la continua del hipérbaton inglés, lanzando a escape sus cuadrigas de metáforas, retorciendo sus espirales de figuras; pintando ya con minucia de prerrafaelista las más pequeñas hojas del paisaje, ya a manchas, a pinceladas súbitas, a golpes de espátula, dando vida a las figuras; aquel fuerte cazador, hacía versos, y casi siempre versos pequeñitos, versos sencillos —¿no se llamaba así un librito de ellos?—, versos de tristezas patrióticas, de duelos de amor, ricos de rima o armonizados siempre con tacto; una primera y rara colección está dedicada a un hijo a quien adoró y a quien perdió por siempre: "Ismaelillo".*

Los *Versos sencillos*, publicados en Nueva York, en linda edición, en forma de eucologio, tienen verdaderas joyas. Otros versos hay, y entre los más bellos *Los zapatitos de Rosa*. Creo que, como Banville* la palabra "lira", y Leconte de Lisle* la palabra "negro", Martí la que más ha empleado es "rosa".

Recordemos algunas rimas del infortunado:

I

¡Oh, mi vida que en la cumbre
del Ajusco hogar buscó
y tan fría se moría
que en la cumbre halló calor!

¡Oh, los ojos de la virgen
que me vieron una vez,
y mi vida estremecida
en la cumbre volvió a arder!

II

Entró la niña en el bosque
del brazo de su galán,
y se oyó un beso, otro beso,
y no se oyó nada más.

Una hora en el bosque estuvo:
salió al fin sin su galán
se oyó un sollozo; un sollozo,
y después no se oyó más.

III

En la falda del Turquino
la esmeralda del camino
los incita a descansar;
el amante campesino
en la falda del Turquino
canta bien y sabe amar.

Guajirilla ruborosa,
la mejilla tinta en rosa
bien pudiera denunciar
que en la plática sabrosa,
guajirilla ruborosa,
callar fue mejor que hablar.

IV

Allá en la sombría,
callada, vacía,
solemne Alameda,
un ruido que pasa,
una hoja que rueda,
parece al malvado
gigante que alzado
el brazo le estruja,
la mano le oprime,
y el cuello le estrecha
y el alma le pide;
y es ruido que pasa
y es hoja que rueda,
allá en la sombría,
callada, vacía,
solemne Alameda. . .

V

—¡Un beso!
            —¡Espera!
                      Aquel día
al despedirse se amaron.
—¡Un beso!
            —Toma.
                      Aquel día
al despedirse lloraron.

VI

La del pañuelo de rosa,
la de los ojos muy negros,
no hay negro como tus ojos
ni rosa cual tu pañuelo.

La de promesa vendida,
la de los ojos tan negros,
más negras son que tus ojos,
las promesas de tu pecho.

Y **este** primoroso juguete:

De tela blanca y rosada
tiene Rosa un delantal,
y a la margen de la puerta,
casi, casi en el umbral,
un rosal de rosas blancas
y de rojas un rosal.

Una hermana tiene Rosa
que tres años besó abril,
y le piden rojas flores
y la niña va al pensil,
y al rosal de rosas blancas
blancas rosas va a pedir.

Y esta hermana caprichosa
que a las rosas nunca va,
cuando Rosa juega y vuelve
en el juego el delantal,
si ve el blanco abraza a Rosa,
si ve el rojo da en llorar.

Y si pasa coprichosa
por delante del rosal,
flores blancas pone a Rosa
en el blanco delantal.

Un libro, la obra escogida del ilustre escritor, debe ser idea de sus amigos y discípulos.

Nadie podría iniciar la práctica de tal pensamiento, como el que fue, no solamente discípulo querido, sino amigo del alma, el paje, o más bien el "hijo" de Martí: Gonzalo de Quesada, el que le acompañó siempre, leal y cariñoso, en trabajos y propagandas, allá en Nueva York y Cayo Hueso* y Tampa. ¡Pero quién sabe si el pobre Gonzalo de Quesada, alma viril y ardorosa, no ha acompañado al jefe también en la muerte! .

Los niños de América tuvieron en el corazón de Martí predilección y amor.

Queda un periódico único en su género, los pocos números de un periódico que redactó especialmente para los niños. Hay en uno de ellos un retrato de San Martín, que es obra maestra. Quedan también la colección de *Patria** y varias obras vertidas del inglés; pero todo eso es lo menor de la obra literaria que servirá en lo futuro.

Y ahora, maestro y autor y amigo, perdona que te guardemos rencor los que te amábamos y admirábamos, por haber ido a exponer y a perder el tesoro de tu talento. Ya sabrá el mundo lo que tú eras, pues la justicia de Dios es infinita y señala a cada cual su legítima gloria. Martínez Campos,* que ha ordenado exponer tu cadáver, sigue leyendo sus dos autores preferidos: "Cervantes"...* y "Ohnet".* Cuba quizá tarde en cumplir contigo como debe. La juventud americana te saluda y te llora; pero ¡oh Maestro, qué has hecho...!

Y paréceme que con aquella voz suya, amable y bondadosa, me reprende, adorador como fue hasta la muerte del ídolo luminoso y terrible de la Patria; y me habla del sueño en que viera a los héroes: las manos de piedra, los ojos de piedra, los labios de piedra, las barbas de piedra, la espada de piedra...

Y que repite luego el voto del verso:

> ¡Yo quiero cuando me muera,
> sin patria, pero sin amo,
> tener en mi losa un ramo
> de flores y una bandera!

AZUL...
(Valparaíso, 1888, y Guatemala, 1890)

ESTIVAL

La tigre de Bengala*
con su lustrosa piel manchada a trechos,
está alegre y gentil, está de gala.
Salta de los repechos
de un ribazo, al tupido
carrizal de un bambú; luego a la roca
que se yergue a la entrada de su gruta.
Allí lanza un rugido,
se agita como una loca
y eriza de placer su piel hirsuta.

La fiera virgen ama.
Es el mes del ardor. Parece el suelo
rescoldo; y en el cielo
el sol, inmensa llama.
Por el ramaje oscuro
salta huyendo el canguro.
El boa se infla, duerme, se calienta
a la tórrida lumbre;
el pájaro se sienta
a reposar sobre la verde cumbre.

Siéntese vahos de horno;
y la selva indiana
en alas del bochorno,
lanza, bajo el sereno
cielo, un soplo de sí. La tigre ufana
respira a pulmón lleno,
y al verse hermosa, altiva, soberana,
le late el corazón, se le hincha el seno.

Contempla su gran zarpa, en ella la uña
de marfil; luego toca
el filo de una roca,
y prueba y lo rasguña.
Mírase luego el flanco
que azota con el rabo puntiagudo
de color negro y blanco,
y móvil y felpudo;
luego el vientre. En seguida
abre las anchas fauces, altanera
como reina que exige vasallaje;
después husmea, busca, va. La fiera
exhala algo a manera
de un suspiro salvaje.
Un rugido callado
escuchó. Con presteza
volvió la vista de uno a otro lado.
Y chispeó su ojo verde y dilatado
cuando miró de un tigre la cabeza
surgir sobre la cima de un collado.
El tigre se acercaba

                  Era muy bello.
Gigantesca la talla, el pelo fino,
apretado el ijar, robusto el cuello,
era un Don Juan felino
en el bosque. Anda a trancos
callados; ve a la tigre inquieta, sola,
y le muestra los blancos
dientes; y luego arbola
con donaire la cola.
Al caminar se vía
su cuerpo ondear, con garbo y bizarría
Se miraban los músculos hinchados
debajo de la piel. Y se diría
ser aquella alimaña
un rudo gladiador de la montaña.
Los pelos erizados
del labio relamía. Cuando andaba,
con su peso chafaba

la hierba verde y muelle,
y el ruido de su aliento semejaba
el resollar de un fuelle.
El es, él es el rey. Cetro de oro
no, sino la ancha garra
que se hinca recia en el testuz del toro
y las carnes desgarra.
La negra águila enorme, de pupilas
de fuego y corvo pico relumbrante
tiene a Aquilón;* las hondas y tranquilas
aguas, el gran caimán; el elefante,
la cañada y la estepa,
la víbora, los juncos por do trepa;
y su caliente nido
del árbol suspendido,
el ave dulce y tierna
que ama la primera luz.
                                    El, la caverna.

No envidia al león la crin, al potro rudo
el casco, ni al membrudo
hipopótamo el lomo corpulento,
quien bajo los ramajes de copudo
baobab, ruge al viento.

    Así va el orgulloso, llega, halaga;
corresponde la tigre que le espera,
y con caricias las caricias paga
en su salvaje ardor, la carnicera.

    Después, el misterioso
tacto, las impulsivas
fuerzas que arrastran con poder pasmoso;
y ¡oh, gran Pan*!, el idilio monstruoso
bajo las vastas selvas primitivas.
No es el de las musas de las blandas horas
süaves, expresivas,
en las rientes auroras
y las azules noches pensativas;
sino el que todo enciende, anima, exalta,
polen, savia, calor, nervio, corteza,

y en torrentes de vida brota y salta
del seno de la gran Naturaleza

II

El príncipe de Gales* va de caza
por bosques y por cerros,
con su gran servidumbre y con sus perros
de la más fina raza.
Acallando el tropel de los vasallos,
deteniendo traíllas y caballos,
con la mirada inquieta,
contempla a los dos tigres, de la gruta
a la entrada. Requiere la escopeta,
y avanza y no se inmuta.

Las fieras se acarician. No han oído
tropel de cazadores.
A esos terribles seres,
embriagados de amores,
con cadenas de flores
se les hubiera uncido
a la nevada concha de Citeres*
o al carro de Cupido.*

El príncipe atrevido,
adelanta, se acerca, ya se para;
ya apunta y cierra un ojo; ya dispara;
ya del arma el estruendo
por el espeso bosque ha resonado.
El tigre sale huyendo
y la hembra queda, el vientre desgarrado
¡Oh, va a morir!... Pero antes, débil, yerta,
chorreando sangre por la herida abierta,
con ojo dolorido
miró a aquel cazador, lanzó un gemido
como un ¡ay! de mujer..., y cayó muerta.

III

Aquel macho que huyó, bravo y zahareño
a los rayos ardientes
del sol, en su cubil después dormía.
Entonces tuvo un sueño:
que enterraba las garras y los dientes
en vientres sonrosados
y pechos de mujer; y que engullía
por postres delicados
de comidas y cenas,
como tigre goloso entre golosos,
unas cuantas docenas
de niños tiernos, rubios y sabrosos.

AUTUMNAL

En las pálidas tardes
yerran nubes tranquilas
en el azul; en las ardientes manos
se posan las cabezas pensativas.
¡Ah los suspiros! ¡Ah los dulces sueños!
¡Ah las tristezas íntimas!
¡Ah el polvo de oro que en el aire flota,
tras cuyas ondas trémulas se miran
los ojos tiernos y húmedos,
las bocas inundadas de sonrisas,
las crespas cabelleras
y los dedos de rosa que acarician!

En las pálidas tardes
me cuenta un hada amiga
las historias secretas
llenas de poesía;
lo que cantan los pájaros,
lo que llevan las brisas,
lo que vaga en las nieblas,
lo que sueñan las niñas.

Una vez sentí el ansia
de una sed infinita.
Dije al hada amorosa:
—Quiero en el alma mía
tener la inspiración honda, profunda,
inmensa: luz, calor, aroma, vida.
Ella me dijo: —¡Ven!— con el acento
con que hablaría un arpa. En él había
un divino idïoma de esperanza.
¡Oh sed del ideal!
                    Sobre la cima
de un monte, a medianoche,
me mostró las estrellas encendidas.
Era un jardín de oro
con pétalos de llama que titilan.
Exclamé: —Más. . .

                    La aurora
vino después. La aurora sonreía,
con la luz en la frente,
como la joven tímida
que abre la reja, y la sorprenden luego
ciertas curiosas, mágicas pupilas .
Y dije: Más. . . —Sonriendo
la celeste hada amiga
prorrumpió: —¡Y bien! ¡Las flores!
                    Y las flores
estaban frescas, lindas,
empapadas de olor: la rosa virgen,
la blanca margarita,
la azucena gentil y las volúbiles
que cuelgan de la rama estremecida.
Y dije: —Más. . .
                    El viento
arrastraba rumores, ecos, risas,
murmullos misteriosos, aleteos,
músicas nunca oídas.
El hada entonces me llevó hasta el velo
que nos cubre las ansias infinitas,
la inspiración profunda
y el alma de las liras.

Y lo rasgó. Y allí todo era aurora.
En el fondo se veía
un bello rostro de mujer.
                              ¡Oh, nunca
Piérides,* diréis las sacras dichas
que en el alma sintiera!
Con su vaga sonrisa:
—¿Más?... —dijo el hada—. Y yo tenía entonces
clavadas las pupilas
en el azul, y en mis ardientes manos
se posó mi cabeza pensativa...

A UN POETA

Nada más triste que un titán que llora,
hombre-montaña encadenado a un lirio,
que gime, fuerte, que pujante, implora:
víctima propia en su fatal martirio.

Hércules* loco que a los pies de Onfalia*
la clava deja y el luchar rehusa,
héroe que calza femenil sandalia,
vate que olvida la vibrante musa.

¡Quién desquijarra los robustos leones,
hilando esclavo con la débil rueca;
sin labor, sin empuje, sin acciones,
puños de fierro y áspera muñeca!

No es tal poeta para hollar alfombras
por donde triunfan femeniles danzas:
que vibre rayos para herir las sombras,
que escriba versos que parezcan lanzas.

Relampagueando la soberbia estrofa,
su surco deje de esplendente lumbre,
y el pantano de escándalo y de mofa
que no lo vea el águila en su cumbre.

Bravo soldado con su casco de oro
lance el dardo que quema y que desgarra:
que embista rudo como embiste el toro,
que clave firme, como el león, la garra.

Cante valiente y al cantar trabaje;
que ofrezca robles si se juzga monte;
que su idea, en el mal rompa y desgaje
como en la selva virgen el bisonte.

Que lo que diga la inspirada boca
suene en el pueblo con palabra extraña;
ruido de oleaje al azotar la roca,
voz de caverna y soplo de montaña.

Deje Sansón* de Dalila* el regazo:
Dalila engaña y corta los cabellos.
No pierda el fuerte el rayo de su brazo
por ser esclavo de unos ojos bellos.

SONETOS ÁUREOS

*Caupolicán**

Es algo formidable que vio la vieja raza;
robusto tronco de árbol al hombro de un campeón
salvaje y aguerrido, cuya fornida maza
blandiera el brazo de Hércules,* o el brazo de Sansón.'

Por casco sus cabellos, su pecho por coraza,
pudiera tal guerrero, de Arauco* en la región,
lancero de los bosques, Nemrod* que todo caza,
desjarretar un toro, o estrangular un león.

Anduvo, anduvo, anduvo. Le vio la luz del día,
le vio la tarde pálida, le vio la noche fría,
y siempre el tronco de árbol a cuestas del titán.

"¡El Toqui'* el Toqui!", clama la conmovida casta.
Anduvo, anduvo, anduvo. La aurora dijo: "Basta",
e irguióse la alta frente del gran Caupolicán.

Venus*

En la tranquila noche, mis nostalgias amargas sufría.
En busca de quietud bajé al fresco y callado jardín.
En el oscuro cielo Venus bella temblando lucía,
como incrustado en ébano un dorado y divino jazmín.

A mi alma enamorada, una reina oriental parecía,
que esperaba a su amante, bajo el techo de su camarín,
o que, llevada en hombros, la profunda extensión recorría,
triunfante y luminosa, recostada sobre un palanquín.

"¡Oh, reina rubia! —díjele—, mi alma quiere dejar su
(crisálida
y volar hacia tí, y tus labios de fuego besar;
y flotar en el nimbo que derrama en tu frente luz pálida,

y en siderales éxtasis no dejarte un momento de amar".
El aire de la noche refrescaba la atmósfera cálida.
Venus, desde el abismo, me miraba con triste mirar.

De Invierno

En invernales horas, mirad a Carolina.
Medio apelotonada, descansa en su sillón,
envuelta con su abrigo de marta cibelina
y no lejos del fuego que brilla en el salón.

El fino angora blanco, junto a ella se reclina,
rozando con su hocico la falta de Alençon,*
no lejos de las jarras de porcelana china
que medio oculta un biombo de seda del Japón.

Con sus sutiles filtros la invade un dulce sueño;
entro, sin hacer ruido; dejo mi abrigo gris;
voy a besar su rostro, rosado y halagüeño

como una rosa roja que fuera flor de lis;
abre los ojos; mírame, con su mirar risueño,
y en tanto cae la nieve del cielo de París.

MEDALLONES

Leconte de Lisle*

De las eternas musas el reino soberano
recorres, bajo un soplo de vasta inspiración,
como un rajá soberbio que en su elefante indiano
por sus dominios pasa de rudo viento al son.

Tú tienes en tu canto ecos del Océano;
se ve en tu poesía la selva y el león;
salvaje luz irradia la lira que en tu mano
derrama su sonora, robusta vibración.

Tú del faquir conoces secretos y avatares;
a tu alma dio el Oriente misterios seculares,
visiones legendarias y espíritu oriental.

Tu verso está nutrido con savia de la tierra;
fulgor de Ramayanas* tu viva estrofa encierra,
y cantas en la lengua del bosque colosal.

Catulle Méndes*

Puede ajustarse al pecho coraza férrea y dura;
puede regir la lanza, la rienda del corcel;
sus músculos de atleta soportan la armadura...
pero él busca en las bocas rosadas leche y miel.

Artista, hijo de Capua,* que adora la hermosura,
la carne femenina prefiere su pincel,
y en el recinto oculto de tibia alcoba oscura,
agrega mirto y rosas a su triunfal laurel.

Canta de los oarystis* el delicioso instante,
los besos y el delirio de la mujer amante;
y en sus palabras tiene perfume, alma, color.

Su ave es la venusina, la tímida paloma.
Vencido hubiera en Grecia, vencido hubiera en Roma,
en todos los combates del arte o del amor.

Walt Whitman*

En su país de hierro vive el gran viejo,
bello como un patriarca, sereno y santo.
Tiene en la arruga olímpica de su entrecejo,
algo que impera y vence con noble encanto.

Su alma del infinito parece espejo;
son sus cansados hombros dignos del manto;
y con arpa labrada de un roble añejo,
como un profeta nuevo canta su canto.

Sacerdote que alienta soplo divino,
anuncia, en el futuro, tiempo mejor.
dice al águila: "¡Vuela!", "¡Boga!", al marino,

y "¡Trabaja!", al robusto trabajador.
¡Así va ese poeta por su camino
con su soberbio rostro de emperador!

J. J. Palma*

Ya de un corintio templo cincela una metopa,
ya de un morisco alcázar el capitel sutil,
ya como Benvenuto,* del oro de una copa
forma un joyel artístico, prodigio del buril.

Pinta las dulces Gracias,* o la desnuda Europa,*
en el pulido borde de un vaso de marfil,
o a Diana,* diosa virgen de desceñida ropa,
con aire cinegético, o en grupo pastoril.

La musa que al poeta sus cánticos inspira
no lleva la vibrante trompeta de metal,
ni es la bacante loca que canta y que delira,

en el amor fogosa, y en el placer triunfal:
ella al cantor ofrece la septicorde lira,
o, rítmica y sonora, la flauta de cristal.

Salvador Díaz* Mirón

Tu cuarteto es cuadriga de águilas bravas
que aman las tempestades, los océanos;
las pesadas tizonas, las férreas clavas,
son las armas forjadas para tus manos.

Tu idea tiene cráteres y vierte lavas;
del arte recorriendo montes y llanos,
van tus rudas estrofas jamás esclavas,
como un tropel de búfalos americanos.

Lo que suena en tu lira lejos resuena,
como cuando habla el bóreas, o cuando truena.
¡Hijo del Nuevo Mundo!, la Humanidad

oiga, sobre la frente de las naciones,
la hímnica pompa lírica de tus canciones
que saludan triunfantes la Libertad.

PROSAS PROFANAS Y
OTROS POEMAS

(Buenos Aires, 1896, y París, 1901)

PALABRAS LIMINARES

DESPUÉS de *Azul...,* después de *Los Raros,* voces insinuantes, buena y mala intención, entusiasmo sonoro y envidia subterránea —todo bella cosecha—, solicitaron lo que, en conciencia, no he creído fructuoso ni oportuno: un manifiesto.

Ni fructuoso ni oportuno:

a) Por la absoluta falta de elevación mental de la mayoría pensante de vuestro continente, en la cual impera el universal personaje clasificado por Remy de Gourmont con el nombre de *Celui-qui-ne-comprend-pas. Celui-qui-ne-comprend-pas* es entre nosotros profesor, académico correspondiente de la Real Academia Española, periodista, abogado, poeta, *rastaquouére.*

b) Porque la obra colectiva de los nuevos de América es aún vana, estando muchos de los mejores talentos en el limbo de un completo desconocimiento del mismo Arte a que se consagran.

c) Porque proclamando, como proclamo, una estética acrática, la imposición de un modelo o de un código implicaría una contradicción.

Yo no tengo literatura «mía» —como lo ha manifestado una magistral autoridad—, para marcar el rumbo de los demás: mi literatura es *mía* en mí; quien siga servilmente mis huellas perderá su tesoro personal y, paje o esclavo, no podrá ocultar sello o librea. Wagner, a Augusta Holmes, su discípula, de un día: «Lo primero, no imitar a nadie, y sobre todo a mí.» Gran decir.

Yo he dicho, en la misa rosa de mi juventud, mis antífonas, mis secuencias, mis profanas prosas. Tiempo y menos fatigas de alma y corazón me han hecho falta, para, como un buen monje artífice, hacer mis mayúsculas dignas de cada página del breviario (A través de los fuegos divinos de las vidrieras historiadas, me río del viento que sopla afuera, del mal que pasa.) Tocad, campanas de oro, campanas de plata; tocad todos los días, llamándome a la fiesta en que brillan los ojos de fuego, y las rosas de las bocas sangran delicias únicas. Mi órgano es un viejo clavicordio pompadour, al son del cual danzaron sus gavotas alegres abuelos; y el perfume de tu pecho es mi perfume, eterno incensario de carne, Varona inmortal, flor de mi costilla.

Hombre soy.

¿Hay en mi sangre alguna gota de sangre de África, o de indio chorotega o nagrandano? Pudiera ser a despecho de mis manos de marqués; más he aquí que veréis en mis versos princesas, reyes, cosas imperiales, visiones de países lejanos o imposibles: ¡que queréis!, yo detesto la vida y el tiempo en que me tocó nacer; y a un presidente de República, no podré saludarle en el idioma en que te cantaría a ti, ¡oh Halagabal!, de cuya corte—oro, seda, mármol me acuerdo en sueños. . .

(Si hay poesía en nuestra América, ella está en las cosas viejas: en Palenque y Utatlán, en el indio legendario y el inca sensual y fino, y en el gran Moctezuma de la silla de oro. Lo demás es tuyo, demócrata Walt Whitman.)

Buenos Aires: Cosmópolis.

¡Y mañana!

El abuelo español de barba blanca me señala una serie de retratos ilustres: «Este —me dice— es el gran don Miguel de Cervantes Saavedra, genio y manco; éste es Lope de Vega, éste Garcilaso, éste Quintana.» Yo le pregunto por el noble Gracián, por Teresa la Santa, por el bravo Góngora y el más fuerte de todos, don Francisco de Quevedo y Villegas. Después exclamo: «¡Shakespeare! ¡Dante! ¡Hugo. . .! (Y en mi interior: ¡Verlaine. . .!)

Luego, al despedirme: «—Abuelo, preciso es decíroslo: mi esposa es de mi tierra; mi querida, de París.»

¿Y la cuestión métrica? ¿Y el ritmo?

Como cada palabra tiene un alma, hay en cada verso, además de la harmonía verbal, una melodía ideal. La música es sólo de la idea, muchas veces.

La gritería de trescientas ocas no te impedirá, silvano, tocar tu encantadora flauta, con tal de que tu amigo el ruiseñor esté contento de tu melodía. Cuando él no esté para escucharte, cierra los ojos y toca para los habitantes de tu reino interior. ¡Oh pueblo de desnudas ninfas, de rosadas reinas, de amorosas diosas!

Cae a tus pies una rosa, otra rosa, otra rosa. ¡Y besos!

Y la primera ley, creador: crear. Bufe el eunuco. Cuando una musa te dé un hijo, queden las otras ocho en cinta.

R. D.

ERA UN AIRE SUAVE

Era un aire suave, de pausados giros;
el hada Harmonía ritmaba sus vuelos;
e iban frases vagas y tenues suspiros
entre los sollozos de los violoncelos.

Sobre la terraza junto a los ramajes,
diríase un trémolo de liras eolias
cuando acariciaban los sedosos trajes
sobre el tallo erguidas las blancas magnolias.

La marquesa Eulalia risas y desvíos
daba a un tiempo mismo para dos rivales:
el vizconde rubio de los desafíos
y el abate joven de los madrigales.

Cerca, coronado con hojas de viña,
reía en su máscara Término* barbudo,
y, como un efebo que fuese una niña,
mostraba una Diana* su mármol desnudo.

Y bajo un boscaje del amor palestra,
sobre rico zócalo al modo de Jonia,*
con un candelabro prendido en la diestra
volaba el Mercurio* de Juan de Bolonia.*

La orquesta perlaba sus mágicas notas;
un coro de sones alados se oía;
galantes pavanas, fugaces gavotas
cantaban los dulces violines de Hungría.

Al oír las quejas de sus caballeros,
ríe, ríe, ríe la divina Eulalia,
pues son su tesoro las flechas de Eros,*
el cinto de Cipria,* la rueca de Onfalia.*

¡Ay de quien sus mieles y frases recoja!
¡Ay de quien del canto de su amor se fíe
Con sus ojos lindos y su boca roja,
la divina Eulalia ríe, ríe, ríe.

Tiene azules ojos, es maligna y bella;
cuando mira, vierte viva luz extraña:
se asoma a sus húmedas pupilas de estrella
el alma del rubio cristal de Champaña.*

Es noche de fiesta, y el baile de trajes
ostenta su gloria de triunfos mundanos.
La divina Eulalia, vestida de encajes,
una flor destroza con sus tersas manos.

El teclado armónico de su risa fina
a la alegre música de un pájaro iguala,
con los *staccati** de una bailarina
y las locas fugas de una colegiala.

¡Amoroso pájaro que trinos exhala
bajo el ala a veces ocultando el pico;
que desdenes rudos lanza bajo el ala,
bajo el ala aleve del leve abanico!

Cuando a media noche sus notas arranque
y en arpegios áureos gima Filomela,*
y el ebúrneo cisne, sobre el quieto estanque,
como blanca góndola imprima su estela,

la marquesa alegre llegará al boscaje,
boscaje que cubre la amable glorieta
donde han de estrecharla los brazos de un paje,
que siendo su paje será su poeta.

Al compás de un canto de artista de Italia
que en la brisa errante la orquesta deslíe,

junto a los rivales, la divina Eulalia,
la divina Eulalia ríe, ríe, ríe.

¿Fue acaso en el tiempo del rey Luis de Francia,*
sol con corte de astros, en campo de azur,
cuando los alcázares llenó de fragancia
la regia y pomposa rosa Pompadour?*

¿Fue cuando la bella su falda cogía
con dedos de ninfa, bailando el minué,
y de los compases el ritmo seguía
sobre el tacón rojo, lindo y leve pie?

¿O cuando pastoras de floridos valles
ornaban con cintas sus albos corderos,
y oían, divinas Tirsis* de Versalles,*
las declaraciones de sus caballeros?

¿Fue en ese buen tiempo de duques pastores,
de amantes princesas y tiernos galanes,
cuando entre sonrisas y perlas y flores
iban las casacas de los chambelanes?

¿Fue acaso en el Norte o en el Mediodía?*
Yo el tiempo y el día y el país ignoro,
pero sé que Eulalia ríe todavía,
¡y es crüel y eterna su risa de oro!

EL POETA PREGUNTA POR STELLA*

Lirio divino, lirio de las Anunciaciones;
lirio, florido príncipe,
hermano perfumado de las estrellas castas,
joya de los abriles.

A ti las blancas dianas* de los parques ducales;
los cuellos de los cisnes,
las místicas estrofas de cánticos celestes
y en el sagrado empíreo, la mano de las vírgenes.

135

Lirio, boca de nieve donde sus dulces labios
la primavera imprime:
en tus venas no corre la sangre de las rosas pecadoras,
sino del icor* excelso de las flores insignes

Lirio real y lírico
que naces con la albura de las hostias sublimes
de las cándidas perlas
y del lino sin mácula de las sobrepellices:
¿Has visto acaso el vuelo del alma de mi Stella,
la hermana de Ligeia,* por quien mi canto a veces es
(tan triste?

SONATINA

La princesa está triste... ¿Qué tendrá la princesa?
Los suspiros se escapan de su boca de fresa,
que ha perdido la risa, que ha perdido el color.
La princesa está pálida en su silla de oro,
está mudo el teclado de su clave sonoro,
y en un vaso olvidada se desmaya una flor.

El jardín puebla el triunfo de los pavos reales...
Parlanchina, la dueña dice cosas banales,
y vestido de rojo piruetea el bufón.
La princesa no ríe, la princesa no siente;
la princesa persigue por el cielo de Oriente
la libélula vaga de una vaga ilusión.

¿Piensa acaso en el príncipe de Golconda* o de China,
o en el que ha detenido su carroza argentina
para ver de sus ojos la dulzura de luz,
o en el rey de las islas de las rosas fragantes,
o en el que es soberano de los claros diamantes,
o en el dueño orgulloso de las perlas de Ormuz?*

¡Ay! la pobre princesa de la boca de rosa
quiere ser golondrina, quiere ser mariposa,
tener alas ligeras, bajo el cielo volar;
ir al sol por la escala luminosa de un rayo,
saludar a los lirios con los versos de Mayo,
o perderse en el viento sobre el trueno del mar.

Ya no quiere el palacio, ni la rueca de plata,
ni el halcón encantado, ni el bufón escarlata,
ni los cisnes unánimes en el lago de azur.
Y están tristes las flores por la flor de la corte;
los jazmines de Oriente, los nelumbos del Norte,
de Occidente las dalias y las rosas del Sur.

¡Pobrecita princesa de los ojos azules!
Está presa en sus oros, está presa en sus tules,
en la jaula de mármol del palacio real;
el palacio soberbio que vigilan los guardas,
que custodian cien negros con sus cien alabardas,
un lebrel que no duerme y un dragón colosal.

¡Oh, quien fuera hipsipila que dejó la crisálida!
(La princesa está triste. La princesa está pálida.)
¡Oh visión adorada de oro, rosa y marfil!
¡Quién volara a la tierra donde un príncipe existe
(La princesa está pálida. La princesa está triste.)
más brillante que el alba, más hermoso que Abril!

—Calla, calla, princesa —dice el hada madrina—;
en caballo con alas hacia acá se encamina,
en el cinto la espada y en la mano el azor,
el feliz caballero que te adora sin verte,
y que llega de lejos, vencedor de la Muerte,
a encenderte los labios con su beso de amor.

PARA UNA CUBANA[16]

Poesía dulce y mística,
busca a la blanca cubana

---

16. En ambos poemas Rubén Darío se refiere a María Cay, joven cubana
que era hija del canciller del consulado de la China imperial en
Cuba. María Cay se casó con el general Lachambre. Darío la inmor-
talizó con estas composiciones. En la historia de sus libros, dice el
autor que fueron unas galanterías escritas en presencia de Julián del
Casal. Casal introdujo el japonesismo en el modernismo. El hogar de
la familia Cay era un museo de finas chinerías y japonerías. La pala-
bra Mikado usada en el segundo poema era un título que se le daba
al emperador del Japón.

que se asomó a la ventana
como una visión artística.

Misteriosa y cabalística,
puede dar celos a Diana,*
con su faz de porcelana
de una blancura eucarística.

Llena de un prestigio asiático,
roja, en el rostro enigmático,
su boca púrpura finge,

y al sonreírse vi en ella
el resplandor de una estrella
que fuese alma de una esfinge.

PARA LA MISMA[16]

Miré al sentarme a la mesa,
bañado en la luz del día.
el retrato de María*
la cubana - japonesa.

El aire acaricia y besa,
como un amante lo haría,
la orgullosa bizarría
de la cabellera espesa.

Diera un tesoro el Mikado*
por sentirse acariciado
por princesa tan gentil,

digna de que un gran pintor
la pinte junto a una flor
en un vaso de marfil.

MARGARITA

¿Recuerdas que querías ser una Margarita
Gautier?* Fijo en mi mente tu extraño rostro está,

cuando cenamos juntos, en la primera cita,
en una noche alegre que nunca volverá.

Tus labios escarlata de púrpura maldita
sorbían el champaña del fino baccarat;
tus dedos deshojaban la blanca margarita,
"Sí..., no..., sí..., no...", ¡y sabías que te adoraba ya!

Después, ¡oh flor de Histeria!, llorabas y reías;
tus besos y tus lágrimas tuve en mi boca yo;
tus risas, tus fragancias, tus quejas eran mías.

Y en una tarde triste de los más dulces días,
la Muerte, la celosa, por ver si me querías,
¡como a una margarita de amor te deshojó!

EL CISNE

Fue en una hora divina para el género humano.
El Cisne antes cantaba sólo para morir.
Cuando se oyó el acento del Cisne wagneriano*
fue en medio de una aurora, fue para revivir.

Sobre las tempestades del humano océano
se oye el canto del Cisne; no se cesa de oír,
dominando el martillo del viejo Thor* germano
o las trompas que cantan la espada de Argantir.*

¡Oh cisne! ¡Oh sacro pájaro! Si antes la blanca Helena*
del huevo azul de Leda* brotó de gracia llena,
siendo de la Hermosura la princesa inmortal,

bajo tus blancas alas la nueva Poesía
concibe en una gloria de luz y de armonía
la Helena eterna y pura que encarna el ideal.

SINFONÍA EN GRIS MAYOR

El mar como un vasto cristal azogado
refleja la lámina de un cielo de cinc;

lejanas bandadas de pájaros manchan
el fondo bruñido de pálido gris.

El sol como un vidrio redondo y opaco
con paso de enfermo camina al cenit;
el viento marino descansa en la sombra
teniendo de almohada su negro clarín.

Las ondas que mueven su vientre de plomo
debajo del muelle parecen gemir.
Sentado en un cable, fumando su pipa,
está un marinero pensando en las playas
de un vago lejano brumoso país.

Es viejo ese lobo. Tostaron su cara
los rayos de fuego del sol del Brasil;
los recios tifones del mar de la China
le han visto bebiendo su frasco de gin.

La espuma impregnada de yodo y salitre
ha tiempo conoce su roja nariz,
sus crespos cabellos, sus bíceps de atleta
su gorra de lona, su blusa de dril.

En medio del humo que forma el tabaco
ve el viejo el lejano brumoso país,
adonde una tarde caliente y dorada
tendidas las velas partió el bergantín. . .

La siesta del trópico. El lobo se aduerme.
Ya todo lo envuelve la gama de gris.
Parece que un suave y enorme esfumino
del curvo horizonte borrara el confín.

La siesta del trópico. La vieja cigarra
ensaya su ronca guitarra senil,
y el grillo preludia su solo monótono
en la única cuerda que está en su violín.

VERLAINE*

Responso

Padre y maestro mágico, liróforo celeste
que al instrumento olímpico y a la siringa agreste
    diste tu acento encantador.
¡Panida!* Pan* tú mismo, que coros condujiste
hacia el propíleo sacro que amaba tu alma triste,
    al son del sistro y del tambor!

Que tu sepulcro cubra de flores Primavera,
que se humedezca el áspero hocico de la fiera
    de amor, si pasa por allí;
que el fúnebre recinto visite pan* bicorne;
que de sangrientas rosas el fresco Abril te adorne,
    y de claveles de rubí.

Que si posarse quiere sobre la tumba el cuervo,
ahuyenten la negrura del pájaro protervo
    el dulce canto del cristal
que Filomela* vierta sobre tus tristes huesos,
o la armonía dulce de risas y de besos,
    de culto oculto y florestal.

Que púberes canéforas te ofrendan el acanto;
que sobre tu sepulcro no se derrame el llanto,
    sino rocío, vino, miel;
que el pámpano allí brote, las flores de Citeres,*
y que se escuchen vagos suspiros de mujeres
    bajo un simbólico laurel.

Que si un pastor su pífano bajo el frescor del haya,
en amorosos días, como en Virgilio,* ensaya,
    tu nombre ponga en la canción;
y que la virgen náyade, cuando ese nombre escuche,
con ansias y temores entre las linfas luche,
    llena de miedo y de pasión.

De noche, en la montaña, en la negra montaña
de las visiones, pase gigante sombra extraña,

sombra de un sátiro espectral;
que ella al centauro adusto con su grandeza asuste;
que una extrahumana flauta la melodía ajuste
a la armonía sideral.

Y huya el tropel equino por la montaña vasta;
tu rostro de ultratumba bañe la luna casta
de compasiva y blanca luz,
y el sátiro contemple sobre un lejano monte,
una cruz que se eleve cubriendo el horizonte
¡y un resplandor sobre la cruz!

EL REINO INTERIOR

Una selva suntuosa
en el azul celeste su rudo perfil calca.
Un camino. La tierra es de color de rosa,
cual la que pinta fra Doménico Cavalca*
en sus Vidas de santos. Se ven extrañas flores
de la flora gloriosa de los cuentos azules,
y entre las ramas encantadas, papemores
cuyo canto extasiara de amor a los bulbules.
(*Papemor*: ave rara; *Bulbules*: ruiseñores.)

Mi alma frágil se asoma a la ventana oscura
de la torre terrible en que ha treinta años sueña.
La gentil Primavera, primavera le augura.
La vida le sonríe rosada y halagüeña.
Y ella exclama. "¡Oh fragante día! ¡Oh sublime día!"
Se diría que el mundo está en flor; se diría
que el corazón sagrado de la tierra se mueve
con un ritmo de dicha; luz brota, gracia llueve.
"¡Yo soy la prisionera que sonríe y que canta!"
Y las manos liliales agita, como infanta
real en los balcones del palacio paterno.

¿Qué son se escucha, son lejano, vago y tierno?
Por el lado derecho del camino adelanta,
el paso leve, una adorable teoría

virginal. Siete blancas doncellas, semejentes
a siete blancas rosas de gracia y de armonía
que el alba constelara de perlas y diamantes.
¡Alabastros celestes habitados por astros:
Dios se refleja en esos dulces alabastros!
Sus vestes son tejidas del lino de la luna.
Van descalzas. Se mira que posan el pie breve
sobre el rosado suelo como una flor de nieve.
Y los cuellos se inclinan, imperiales, en una
manera que lo excelso pregona de su origen.
Como al compás de un verso, su suave paso rigen.
Tal el divino Sandro* dejara en sus figuras,
esos graciosos gestos en esas líneas puras.
Como a un velado son de liras y laúdes,
divinamente blancas y castas pasan esas
siete bellas princesas. Y esas bellas princesas
son las siete Virtudes.

   Al lado izquierdo del camino y paralela-
mente, siete mancebos—oro, seda, escarlata,
armas ricas de Oriente—hermosos, parecidos
a los satanes* verlenianos* de Ecbatana,*
vienen también. Sus labios sensuales y encendidos,
de efebos criminales, son cual rosas sangrientas;
sus puñales de piedras preciosas revestidos
—ojos de víboras de luces fascinantes—
al cinto penden; arden las púrpuras violentas
en los jubones; ciñen las cabezas triunfantes
oro y rosas; sus ojos, ya lánguidos, ya ardientes,
son dos carbunclos mágicos de fulgor sibilino,
y en sus manos de ambiguos príncipes decadentes
relucen como gemas las uñas de oro fino.
Bellamente infernales,
llenan el aire de hechiceros maleficios
esos siete mancebos. Y son los siete Vicios,
los siete poderosos Pecados capitales.

   Y los siete mancebos a las siete doncellas
lanzan vivas miradas de amor. Las Tentaciones,
de sus liras melifluas arrancan vagos sones.
Las princesas prosiguen, adorables visiones
en su blancura de palomas y de estrellas.

Unos y otras se pierden por la vía de rosa,
y el alma mía queda pensativa a su paso.
"¡Oh! ¿qué hay en ti, alma mía?
¡Oh! ¿qué hay en ti, mi pobre infanta misteriosa?
¿Acaso piensas en la blanca teoría?
¿Acaso
los brillantes mancebos te atraen, mariposa?"

Ella no me responde.
Pensativa se aleja de la oscura ventana
—pensativa y risueña,
de la bella*-durmiente-del-bosque tierna hermana,
y se adormece en donde
hace treinta años sueña.

Y en sueño dice: "¡Oh dulces delicias de los cielos!
¡Oh tierra sonrosada que acarició mis ojos!
¡Princesas, envolvedme con vuestros blancos velos!
¡Príncipes, estrechadme con vuestros brazos rojos!"

A MAESTRE GONZALO DE BERCEO*

Amo tu delicioso alejandrino
como el de Hugo,* espíritu de España;
éste vale una copa de champaña
como aquél vale "un vaso de bon vino".*

Mas a uno y otro pájaro divino
la primitiva cárcel es extraña;
el barrote maltrata, el grillc daña;
que vuelo y libertad son su destino.

Así procuro que en la luz resalte
tu antiguo verso, cuyas alas doro
y hago brillar con mi moderno esmalte;

tiene la libertad con el decoro
y vuelve, como al puño el gerifalte,
trayendo del azul rimas de oro.

CANTOS DE VIDA Y ESPERANZA,
LOS CISNES
Y OTROS POEMAS
(Madrid, 1905)

PREFACIO

Podría repetir aquí más de un concepto de las palabras liminares de *Prosas Profanas*. Mi respeto por la aristocracia del pensamiento, por la nobleza del Arte, siempre es el mismo. Mi antiguo aborrecimiento a la mediocridad, a la madurez intelectual, a la chatura estética, apenas si se aminora hoy con una razonada indiferencia.

El movimiento de libertad que me tocó iniciar en América se propagó hasta España, y tanto aquí como allá el triunfo está logrado. Aunque respecto a técnica tuviese demasiado que decir en el país en donde la expresión poética está anquilosada, a punto de que la momificación del ritmo ha llegado a ser un artículo de fe, no haré sino una corta advertencia. En todos los países cultos de Europa se ha usado del hexámetro absolutamente clásico, sin que la mayoría letrada y, sobre todo, la minoría leída, se asustasen de semejante manera de cantar. En Italia ha mucho tiempo, sin citar antiguos, que Carducci ha autorizado los hexámetros; en inglés, no me atrevería casi a indicar, por respeto a la cultura de mis lectores, que la *Evangelina*, de Longfellow, está en los mismos versos en que Horacio dijo sus mejores pensares. En cuanto al verso libre moderno..., ¿no es verdaderamente singular que en esta tierra de Quevedos y Góngoras los únicos innovadores del instrumento lírico, los únicos libertadores del ritmo, hayan sido los poetas del *Madrid Cómico* y los libretistas del género chico?

Hago esta advertencia porque la forma es lo que primeramente toca a las muchedumbres. Yo no soy un

poeta para las muchedumbres. Pero sé que indefectible-
mente tengo que ir a ellas.

Cuando dije que mi poesía era *mía, en mí,* sostuve
la primera condición de mi existir, sin pretensión ninguna
de causar sectarismo en mente o voluntad ajena y en un
intenso amor a lo absoluto de la belleza.

Al seguir la vida que Dios me ha concebido tener
he buscado expresarme lo más noble y altamente en
mi comprensión: voy diciendo mi verso con una modestia
tan orgullosa, que solamente las espigas comprenden, y
cultivo, entre otras flores, una rosa rosada concreción
de alba, capullo de porvenir, entre el bullicio de la
literatura.

Si en estos cantos hay política, es porque aparece
universal. Y si encontráis versos a un presidente, es
porque son un clamor continental. Mañana podremos
ser yanquis (y es lo más probable); de todas maneras,
mi protesta queda escrita sobre las alas de los inmacu-
lados cisnes, tan ilustres como Júpiter.

R. D.

YO SOY AQUEL

Yo soy aquel que ayer no más decía
el verso azul y la canción profana,
en cuya noche un ruiseñor había
que era alondra de luz por la mañana.

El dueño fui de mi jardín de sueño,
lleno de rosas y de cisnes vagos;
el dueño de las tórtolas, el dueño
de góndolas y liras en los lagos;

y muy siglo diez y ocho y muy antiguo
y muy moderno; audaz, cosmopolita;
con Hugo* fuerte y con Verlaine* ambiguo,
y una sed de ilusiones infinita.

Yo supe de dolor desde mi infancia;
mi juventud... ¿fue juventud la mía?
Sus rosas aún me dejan su fragancia
—una fragancia de melancolía...

Potro sin freno se lanzó mi instinto,
mi juventud montó potro sin freno;
iba embriagada y con puñal al cinto;
si no cayó, fue porque Dios es bueno.

En mi jardín se vio una estatua bella;
se juzgó mármol y era carne viva;

un alma joven habitaba en ella,
sentimental, sensible, sensitiva.

Y tímida ante el mundo, de manera
que, encerrada, en silencio, no salía,
sino cuando en la dulce primavera
era la hora de la melodía...

Hora de ocaso y de discreto beso;
hora crepuscular y de retiro;
hora de madrigal y de embeleso,
de "te adoro", de "¡ay!", y de suspiro.

Y entonces era en la dulzaina un juego
de misteriosas gamas cristalinas,
un renovar de notas del Pan* griego,
y un desgranar de músicas latinas,

con aire tal y con ardor tan vivo,
que a la estatua nacían de repente
en el muslo viril patas de chivo
y dos cuernos de sátiro en la frente.

Como la Galatea* gongorina*
me encantó la marquesa verleniana,
y así juntaba a la pasión divina
una sensual hiperestesia humana;

todo ansia, todo ardor, sensación pura
y vigor natural; y sin falsía,
y sin comedia y sin literatura...:
si hay un alma sincera, ésa es la mía.

La torre* de marfil tentó mi anhelo;
quise encerrarme dentro de mí mismo,
y tuve hambre de espacio y sed de cielo
desde las sombras de mi propio abismo.

Como la esponja que la sal satura
en el jugo del mar, fue el dulce y tierno
corazón mío, henchido de amargura
por el mundo, la carne y el infierno.

Mas, por gracia de Dios, en mi conciencia
el Bien supo elegir la mejor parte;
y si hubo áspera hiel en mi existencia,
melificó toda acritud el Arte.

Mi intelecto libré de pensar bajo,
bañó el agua castalia* el alma mía,
peregrinó mi corazón y trajo
de la sagrada selva la armonia.

¡Oh la selva sagrada! ¡Oh, la profunda
emanación del corazón divino
de la sagrada selva! ¡Oh, la fecunda
fuente cuya virtud vence al destino!

Bosque ideal que lo real complica,
allí el cuerpo arde y vive y Psiquis* vuela;
mientras abajo el sátiro fornica,
ebria de azul deslíe Filomela*

perla de ensueño y música amorosa
en la cúpula en flor del laurel verde,
Hipsipila* sutil liba en la rosa,
y la boca del fauno el pezón muerde.

Allí va el dios en celo tras la hembra
y la caña de Pan se alza del lodo:
la eterna vida sus semillas siembra,
y brota la armonía del gran Todo.

El alma que entra allí debe ir desnuda,
temblando de deseo y fiebre santa,
sobre cardo heridor y espina aguda:
así sueña, así vibra y así canta.

Vida, luz y verdad, tal triple llama
produce la interior llama infinita;
el Arte puro como Cristo exclama:
Ego sum lux et veritas et vita!

Y la vida es misterio; la luz ciega
y la verdad inaccesible asombra;
la adusta perfección jamás se entrega,
y el secreto ideal duerme en la sombra.

Por eso ser sincero es ser potente;
de desnuda que está, brilla la estrella;
el agua dice el alma de la fuente
en la voz de cristal que fluye d'ella.

Tal fue mi intento, hacer del alma pura
mía, una estrella, una fuente sonora,
con el horror de la literatura
y loco de crepúsculo y de aurora.

Del crepúsculo azul que da la pauta
que los celestes éxtasis inspira,
bruma y tono menor—¡toda la flauta!
Y Aurora, hija del Sol—¡toda la lira!

Pasó una piedra que lanzó una honda;
pasó una flecha que aguzó un violento.
La piedra de la honda fue a la onda,
y la flecha del odio fuese al viento.

La virtud está en ser tranquilo y fuerte;
con el fuego interior todo se abrasa;
se triunfa del rencor y de la muerte,
y hacia Belén. . . la caravana pasa.

SALUTACION DEL OPTIMISTA

Ínclitas razas ubérrimas, sangre de Hispania* fecunda,
espíritus fraternos, luminosas almas, ¡salve!
Porque llega el momento en que habrán de cantar nuevos
                                                    (himnos
lenguas de gloria. Un vasto rumor llena los ámbitos;
mágicas ondas de vida van renaciendo de pronto;

retrocede el olvido, retrocede engañada la muerte;
se anuncia un reino nuevo, feliz sibila sueña,
y en la caja pandórica* de que tantas desgracias surgieron
encontramos de súbito, talismánica, pura, rïente,
cual pudiera decirla en sus versos Virgilio* divino,
la divina reina de luz, ¡la celeste esperanza!

Pálidas indolencias, desconfianzas fatales que a tumba
o a perpetuo presidio, condenasteis al noble entusiasmo,
ya veréis el salir del sol en un triunfo de liras,
mientras dos continentes, abonados de huesos gloriosos,
del Hércules* antiguo la gran sombra soberbia evocando,
digan al orbe: la alta virtud resucita,
que a la hispana progenie hizo dueña de siglos.

Abominad la boca que predice desgracias eternas;
abominad los ojos que ven sólo zodíacos funestos,
abominad las manos que apedrean las ruinas ilustres
o que la tea empuñan o la daga suicida.
Siéntense sordos ímpetus en las entrañas del mundo
la inminencia de algo fatal hoy conmueve la tierra;
fuertes colosos caen, se desbandan bicéfalas águilas,
y algo se inicia como vasto social cataclismo
sobre la faz del orbe. ¿Quién dirá que las savias dormidas
no despierten entonces en el tronco del roble* gigante
bajo el cual se exprimió la ubre de la loba* romana?
¿Quién será el pusilánime que al vigor español niegue
                                        (músculos
y que al alma española juzgase áptera y ciega y tullida?
No es Babilonia* ni Nínive* enterrada en olvido y en polvo,
ni entre momias y piedras, reina que habita el sepulcro,
la nación generosa, coronada de orgullo inmarchito,
que hacia el lado del alba fija las miradas ansiosas,
ni la que, tras los mares en que yace sepulta la Atlántida,*
tiene su coro de vástagos, altos, robustos y fuertes.

Unanse, brillen, secúndense tantos vigores dispersos;
formen todos un solo haz de energía ecuménica.
Sangre de Hispania fecunda, sólidas, ínclitas razas,
muestren los dones pretéritos que fueron antaño su
                                        (triunfo.

Vuelva el antiguo entusiasmo, vuelva el espíritu ardiente
que regará lenguas de fuego en esa epifanía.
Juntas las testas ancianas ceñidas de líricos lauros
y las cabezas jóvenes que la alta Minerva* decora,
así los manes heroicos de los primitivos abuelos,
de los egregios padres que abrieron el surco pristino,
sientan los soplos agrarios de primaverales retornos
y el rumor de espigas que inició la labor triptolémica.*

Un continente y otro renovando las viejas prosapias,
en espíritu unidos, en espíritu y ansias y lengua,
ven llegar el momento en que habrán de cantar nuevos
                                        (himnos.
La latina estirpe verá la gran alba futura
en un trueno de música gloriosa; millones de labios
saludarán la espléndida luz que vendrá del Oriente,
Oriente augusto en donde todo lo cambia y renueva
la eternidad de Dios, la actividad infinita.
Y así sea Esperanza la visión permanente en nosotros,
¡ínclitas razas ubérrimas, sangre de Hispania fecunda!

A ROOSEVELT*

¡Es con voz de la Biblia, o verso de Walt Whitman,*
que habría de llegar hasta ti, Cazador!
¡Primitivo y moderno, sencillo y complicado!
con un algo de Washington y cuatro de Nemrod!*

Eres los Estados Unidos,
eres el futuro invasor
de la América ingenua que tiene sangre indígena,
que aún reza a Jesucristo y aún habla en español.

Eres soberbio y fuerte ejemplar de tu raza;
eres culto, eres hábil; te opones a Tolstoy.*
Y domando caballos, o asesinando tigres,
eres un Alejandro*—Nabucodanosor.*
(Eres un profesor de Energía,
como dicen los locos de hoy.)

Crees que la vida es incendio,
que el progreso es erupción;
que en donde pones la bala
el porvenir pones.
        No.

Los Estados Unidos son potentes y grandes.
Cuando ellos se estremecen hay un hondo temblor
que pasa por las vértebras enormes de los Andes.
Si clamáis, se oye el rugir del león.
Ya Hugo* a Grant* lo dijo: "Las estrellas son vuéstras."
(Apenas brilla, alzándose, el argentino sol
y la estrella chilena se levanta...) Sois ricos.
Juntáis al culto de Hércules* el culto de Mammón;*
y alumbrando el camino de la fácil conquista,
la Libertad levanta su antorcha en Nueva York.
Mas la América nuestra, que tenía poetas
desde los viejos tiempos de Netzahualcoyotl,*
que ha guardado las huellas de los pies del gran Baco,*
que el alfabeto pánico en un tiempo aprendió;
que consultó los astros, que conoció la Atlántida*
cuyo nombre nos llega resonando en Platón,*
que desde los remotos momentos de su vida
vive de luz, de fuego, de perfume, de amor,
la América del grande Moctezuma,* del Inca,*
la América fragante de Cristóbal Colón,
la América católica, la América española,
la América en que dijo el noble Guatemoc:*
"Yo no estoy en un lecho de rosas"; esa América
que tiembla de huracanes y que vive de amor;
hombres de ojos sajones y alma bárbara, vive.
Y sueña. Y ama, y vibra; y es la hija del Sol.
Tened cuidado. ¡Vive la América española!
Hay mil cachorros sueltos del León Español.
Se necesitaría, Roosevelt, ser, por Dios mismo,
el Riflero terrible y el fuerte Cazador,
para poder tenernos en vuestras férreas garras.
Y, pues, contáis con todo, falta una cosa: ¡Dios!

CANTO DE ESPERANZA

Un gran vuelo de cuervos mancha el azul celeste.
Un soplo milenario trae amagos de peste.
Se asesinan los hombres en el extremo Este.

¿Ha nacido el apocalíptico Anticristo?*
Se han sabido presagios, y prodigios se han visto,
y parece inminente el retorno de Cristo.

La tierra está preñada de dolor tan profundo,
que el soñador, imperial meditabundo,
sufre con las angustias del corazón del mundo.

Verdugos de ideales afligieron la tierra;
en un pozo de sombra la humanidad se encierra
con los rudos molosos* del odio y de la guerra.

¡Oh, Señor Jesucristo! ¿Por qué tardas? ¿Qué esperas
para tender tu mano de luz sobre las fieras
y hacer brillar al sol tus divinas banderas?

Surge de pronto y vierte la esencia de la vida
sobre tanta alma loca, triste o empedernida
que amante de tinieblas, tu dulce aurora olvida.

Ven, Señor, para hacer la gloria de ti mismo.
Ven con temblor de estrellas y horror de cataclismo;
ven a traer amor y paz sobre el abismo.

Y tu caballo blanco, que miró el visionario,
pase. Y suene el divino clarín extraordinario.
Mi corazón será brasa de tu incensario.

"SPES"

Jesús, incomparable perdonador de injurias,
óyeme; Sembrador de trigo, dame el tierno
pan de tus hostias; dame, contra el sañudo infierno
una gracia lustral de iras y lujurias.

Dime que este espantoso horror de la agonía
que me obsede, es no más de mi culpa nefanda;
que al morir hallaré la luz de un nuevo día,
y que entonces oiré mi "¡Levántate y anda!".

MARCHA TRIUNFAL

¡Ya viene el cortejo!
¡Ya viene el cortejo! Ya se oyen los claros clarines.
La espada se anuncia con vivo reflejo;
ya viene, oro y hierro, el cortejo de los paladines.

Ya pasa, debajo los arcos ornados de blancas Minervas*
                                        (y Martes*
los arcos triunfales en donde las Famas erigen sus largas
                                        (trompetas,
la gloria solemne de los estandartes
llevados por manos robustas de heroicos atletas.
Se escucha el rüido que forman las armas de los
                                        (caballeros,
los frenos que mascan los fuertes caballos de guerra,
los cascos que hieren la tierra,
y los timbaleros
que el paso acompasan con ritmos marciales.
¡Tal pasan los fieros guerreros
debajo los arcos triunfales!

Los claros clarines de pronto levantan sus sones,
su canto sonoro,
su cálido coro,
que envuelve en un trueno de oro
la augusta soberbia de los pabellones.
El dice la lucha, la herida venganza,
las ásperas crines,
los rudos penachos, la pica, la lanza,
la sangre que riega de heroicos carmines
la tierra;
los negros mastines
que azuza la muerte, que rige la guerra.

Los áureos sonidos
anuncian el advenimiento
triunfal de la Gloria;
dejando el picacho que guarda sus nidos,
tendiendo sus alas enormes al viento,
los cóndores llegan. ¡Llegó la victoria!

Ya pasa el cortejo.
Señala el abuelo los héroes al niño:
—ved cómo la barba del viejo
los bucles de oro circunda de armiño—.
Las bellas mujeres aprestan coronas de flores,
y bajo los pórticos vense sus rostros de rosa;
y la más hermosa
sonríe al más fiero de los vencedores.
¡Honor al que trae cautiva la extraña bandera;
honor al herido y honor a los fieles
soldados que muerte encontraron por mano extranjera!
¡Clarines! ¡Laureles!

Las nobles espadas de tiempos gloriosos,
desde sus panoplias saludan las nuevas coronas y lauros:
—las viejas espadas de los granaderos, más fuertes que
(osos
hermanos de aquellos lanceros que fueron centauros—.

Las trompas guerreras resuenan;
de voces los aires se llenan. . .
—A aquellas antiguas espadas,
a aquellos ilustres aceros,
que encarnan las glorias pasadas. . .
¡Y al sol que hoy alumbra las nuevas victorias ganadas,
y al héroe que guía su grupo de jóvenes fieros;
al que ama la insignia del suelo paterno,
al que ha desafiado, ceñido el acero y el arma en la mano,
los soles del rojo verano,
las nieves y vientos del gélido invierno,
la noche, la escarcha
y el odio y la muerte, por ser por la patria inmortal,
saludan con voces de bronce las trompas de guerra que
(tocan la marcha triunfal. .

LOS CISNES

¿Qué signo haces, ¡oh Cisne!, con tu encorvado cuello
al paso de los tristes y errantes soñadores?
¿Por qué tan silencioso de ser blanco y ser bello,
tiránico a las aguas e impasible a las flores?

Yo te saludo ahora como en versos latinos
te saludara antaño Publio Ovidio Nasón,*
Los mismos ruiseñores cantan los mismos trinos,
y en diferentes lenguas es la misma canción.

A vosotros mi lengua no debe ser extraña.
A Garcilaso* visteis, acaso, alguna vez...
Soy un hijo de América, soy un nieto de España...
Quevedo* pudo hablaros en verso en Aranjuez...*

Cisnes, los abanicos de vuestras alas frescas
den a las frentes pálidas sus caricias más puras,
y alejen vuestras blancas figuras pintorescas
de nuestras mentes tristes las ideas oscuras.

Brumas septentrionales nos llenan de tristezas,
se mueren nuestras rosas, se agostan nuestras palmas;
casi no hay ilusiones para nuestras cabezas,
y somos los mendigos de nuestras pobres almas.

Nos predican la guerra con águilas feroces,
gerifaltes de antaño revienen a los puños;
mas no brillan las glorias de las antiguas hoces,
ni hay Rodrigos* ni Jaimes*; ni hay Alfonsos* ni Nuños*.

Faltos de los alientos que dan las grandes cosas,
¿qué haremos los poetas sino buscar tus lagos?
A falta de laureles son muy dulces las rosas,
y a falta de victorias busquemos los halagos.

La América española como la España entera,
fija está en el Oriente de su fatal destino;
yo interrogo a la Esfinge* que el porvenir espera
con la interrogación de tu cuello divino.

¿Seremos entregados a los bárbaros fieros?
¿Tantos millones de hombres hablaremos inglés?
¿Ya no hay nobles hidalgos ni bravos caballeros?
¿Callaremos ahora para llorar después?

He lanzado mi grito, Cisnes, entre vosotros,
que habéis sido los fieles en la desilusión,
mientras siento una fuga de americanos potros
y el estertor postrero de un caduco león. . .

. . . Y un Cisne negro dijo: "La noche anuncia el día."
Y uno blanco: "¡La aurora es inmortal! ¡La aurora
es inmortal!" ¡Oh tierras de sol y de armonía,
aún guarda la Esperanza* la caja de Pandora!*

RETRATOS

I

Don Gil, Don Juan, Don Lope, Don Carlos, Don Rodrigo,
¿cuya es esta cabeza soberbia? ¿Esa fas fuerte?
¿Esos ojos de jaspe? ¿Esa barba de trigo?
Este fue un caballero que persiguió a la Muerte.

Cien veces hizo cosas tan sonoras y grandes,
que de águilas poblaron el campo de su escudo,
y ante su rudo tercio de América o de Flandes*
quedó el asombro ciego, quedó el espanto mudo.

La coraza revela fina labor; la espada
tiene la cruz que erige sobre su tumba el miedo;
y bajo el puño firme que da su luz dorada,
se afianza el rayo sólido del yunque de Toledo.*

Tiene labios de Borgia,* sangrientos labios dignos
de exquisitas calumnias, de rezar oraciones
y de decir blasfemias: rojos labios malignos
florecidos de anécdotas en cien Decamerones.*

160

Y con todo, este hidalgo de un tiempo indefinido,
fue el abad solitario de un ignoto convento,
y dedicó en la muerte sus hechos: ¡*Al olvido!*
y el grito de su vida luciferina: ¡*Al viento!*

II

En la forma cordial de la boca, la fresa
solemniza su púrpura; y en el sutil dibujo
del óvalo del rostro de la blanca abadesa
la pura frente es ángel y el ojo negro es brujo.

Al marfil monacal de esa faz misteriosa
brota una dulce luz de un resplandor interno,
que enciende en sus mejillas una celeste rosa
en que su pincelada fatal puso el Infierno.

¡Oh, Sor* María! ¡Oh, Sor María! ¡Oh, Sor María!
La mágica mirada y el continente regio,
¿no hicieron en un alma pecaminosa un día
brotar el encendido clavel del sacrilegio?

Y parece que el hondo mirar cosas dijera
especiosas y ungidas de miel y de veneno.
(Sor María murió condenada a la hoguera:
dos abejas volaron de las rosas del seno.)

NOCTURNO

(I)

Quiero expresar mi angustia en versos que abolida
dirán mi juventud de rosas y de ensueños,
y la desfloración amarga de mi vida
por un vasto dolor y cuidados pequeños.

Y el viaje a un vago Oriente por entrevistos barcos,
y el grano de oraciones que floreció en blasfemias,
y los azoramientos del cisne entre los charcos,
y el falso azul nocturno de inquerida bohemia.

Lejano clavicordio que en silencio y olvido
no diste nunca al sueño la sublime sonata,
huérfano esquife, árbol insigne, oscuro nido
que suavizó la noche de dulzura de plata...

Esperanza olorosa a hierbas frescas, trino
del ruiseñor primaveral y matinal,
azucena tronchada por un fatal destino,
rebusca de la dicha, persecución del mal...

El ánfora funesta del divino veneno
que ha de hacer por la vida la tortura interior,
la conciencia espantable de nuestro humano cieno
y el horror de sentirse pasajero, el horror

de ir a tientas, en intermitentes espantos,
hacia lo inevitable desconocido y la
pesadilla brutal de este dormir de llantos
de la cual no hay más que Ella* que nos despertará.

CANCIÓN DE OTOÑO EN PRIMAVERA

Juventud, divino tesoro
¡ya te vas para no volver!
Cuando quiero llorar, no lloro...
y a veces lloro sin querer.

Plural ha sido la celeste
historia de mi corazón.
Era una dulce niña, en este
mundo de duelo y aflicción.

Miraba como el alba pura;
sonreía como una flor.
Era su cabellera oscura
hecha de noche y de dolor.

Yo era tímido como un niño.
Ella, naturalmente fue,
para mi amor hecho de armiño,
Herodías* y Salomé...*

Juventud, divino tesoro,
¡ya te vas para no volver...!
Cuando quiero llorar, no lloro,
y a veces lloro sin querer.

La otra fue más sensitiva,
y más consoladora y más
halagadora y expresiva,
çual no pensé encontrar jamás.

Pues a su continua ternura
una pasión violenta unía.
En un peplo de gasa pura
una bacante se envolvía...

En sus brazos tomó mi ensueño
y lo arrulló como a un bebé...
Y lo mató, triste y pequeño,
falto de luz, falto de fe...

Juventud, divino tesoro,
¡te fuiste para no volver!
Cuando quiero llorar, no lloro,
y a veces lloro sin querer...

Otra juzgó que era mi boca
el estuche de su pasión
y que me roería, loca,
con sus dientes el corazón

poniendo en un amor de exceso
la mira de su voluntad,
mientras eran abrazo y beso
síntesis de la eternidad:

y de nuestra carne ligera
imaginar siempre un Edén,
sin pensar que la Primavera
y la carne acaban también...

Juventud, divino tesoro,
¡ya te vas para no volver!

Cuando quiero llorar, no lloro,
¡y a veces lloro sin querer!

¡Y las demás!, en tantos climas,
en tantas tierras, siempre son,
si no pretextos de mis rimas,
fantasmas de mi corazón.

En vano busqué a las princesas
que estaba triste de esperar.
La vida es dura. Amarga y pesa.
¡Ya no hay princesa que cantar!

Mas a pesar del tiempo terco,
mi sed de amor no tiene fin;
con el cabello gris me acerco
a los rosales del jardín. . .

Juventud, divino tesoro,
¡ya te vas para no volver!. . .
Cuando quiero llorar, no lloro,
y a veces lloro sin querer. . .

¡Mas es mía el Alba de oro!

UN SONETO A CERVANTES*

Horas de pesadumbre y de tristeza
paso en mi soledad. Pero Cervantes
es buen amigo. Endulza mis instantes
ásperos, y reposa mi cabeza.

El es la vida y la naturaleza,
regala un yelmo de oros y diamantes
a mis sueños errantes.
Es para mí: suspira ríe y reza.

Cristiano y amoroso caballero
parla como un arroyo cristalino.
¡Así le admiro y quiero,

viendo cómo el destino
hace que regocije al mundo entero
la tristeza inmortal de ser divino!

MELANCOLÍA

Hermano, tú que tienes la luz, dime la mía.
Soy como un ciego. Voy sin rumbo y ando a tientas.
Voy, bajo tempestades y tormentas,
ciego de ensueño y loco de armonía.

Ese es mi mal. Soñar. La poesía
es la camisa férrea de mil puntas crüentas
que llevo sobre el alma. Las espinas sangrientas
dejan caer las gotas de mi melancolía.

Y así voy, ciego y loco, por este mundo amargo;
a veces me parece que el camino es muy largo,
y a veces que es muy corto...

Y en este titubeo de aliento y agonía,
cargo lleno de penas lo que apenas soporto.
¿No oyes caer las gotas de mi melancolía?

DE OTOÑO

Yo sé que hay quienes dicen: ¿Por qué no canta ahora
con aquella locura armoniosa de antaño?
Esos no ven la obra profunda de la hora,
la labor del minuto y el prodigio del año.

Yo, pobre árbol, produje el amor de la brisa,
cuando empecé a crecer, un vago y dulce son,
Pasó ya el tiempo de la juvenil sonrisa:
¡Dejad al huracán mover mi corazón!

NOCTURNO

(II)

Los que auscultasteis el corazón de la noche,
los que por el insomnio tenaz habéis oído
el cerrar de una puerta, el resonar de un coche
lejano, un eco vago, un ligero rüido...

En los instantes del silencio misterioso,
cuando surgen de su prisión los olvidados,
en la hora de los muertos, en la hora del reposo,
¡sabréis leer estos versos de amargor impregnados!...

Como en un vaso vierto en ellos mis dolores
de lejanos recuerdos y desgracias funestas,
y las tristes nostalgias de mi alma ebria de flores,
y el duelo de mi corazón, triste de fiestas.

Y el pesar de no ser lo que yo hubiera sido,
la pérdida del reino que estaba para mí,
el pensar que un instante pude no haber nacido,
y el sueño que es mi vida desde que yo nací.

Todo esto viene en medio del silencio profundo
en que la noche envuelve la terrena ilusión,
y siento como un eco del corazón del mundo
que penetra y conmueve mi propio corazón.

LETANÍA DE NUESTRO SEÑOR DON QUIJOTE

Rey de los hidalgos, señor de los tristes,
que de fuerza alientas y de ensueños vistes,
coronado de áureo yelmo de ilusión;
que nadie ha podido vencer todavía,
por la adarga al brazo, toda fantasía,
y la lanza en ristre, toda corazón.

Noble peregrino de los peregrinos,
que santificaste todos los caminos
con el paso augusto de tu heroicidad,
contra las certezas, contra las conciencias
y contra las leyes y contra las ciencias,
contra la mentira, contra la verdad. . .

Caballero errante de los caballeros,
barón de varones, príncipe de fieros,
par entre los pares, maestro, ¡salud!
¡Salud, porque juzgo que hoy muy poca tïenes,
entre los aplausos o entre los desdenes,
y entre las coronas y los parabienes
y las tonterías de la multitud!

¡Tú, para quien pocas fueron las victorias
antiguas, y para quien clásicas glorias
serían apenas de ley y razón,
soportas elogios, memorias, discursos,
resistes certámenes, tarjetas, concursos,
y, teniendo a Orfeo,* tienes a orfeón!

Escucha, divino Rolando* del sueño,
a un enamorado de tu Clavileño,*
y cuyo Pegaso* relincha hacia tí;
escucha los versos de estas letanías,
hechas con las cosas de todos los días
y con otras que en lo misterioso vi.

¡Ruega por nosotros, hambrientos de vida,
con el alma a tientas, con la fe perdida,
llenos de congojas y faltos de sol,
por advenedizas almas de manga ancha
que ridiculizan el ser de la Mancha,*
el ser generoso y el ser español!

¡Ruega por nosotros, que necesitamos
las mágicas rosas, los sublimes ramos
del laurel! *Pro* nobis ora,* gran señor.
(Tiembla la floresta del laurel del mundo,
y antes que tu hermano vago, Segismundo,*
el pálido Hamlet,* te ofrece una flor.)

¡Ruega generoso, piadoso, orgulloso;
ruega casto, puro, celeste, animoso;
por nos intercede, suplica por nos,
pues casi ya estamos sin savia, sin brote,
sin alma, sin vida, sin luz, sin Quijote,
sin pies y sin alas, sin Sancho* y sin Dios.

De tantas tristezas, de dolores tantos,
de los superhombres de Nietzsche,* de cantos
áfonos, recetas que firma un doctor,
de las epidemias de horribles blasfemias
de las Academias,
¡líbranos señor!

De rudos malsines,
falsos paladines,
y espíritus finos y blandos y ruines,
del hampa que sacia
su canallocracia
con burlar la gloria, la vida, el honor,
del puñal con gracia,
¡líbranos, señor!

Noble peregrino de los peregrinos,
que santificaste todos los caminos
con el paso augusto de tu heroicidad,
contra las certezas, contra las conciencias
y contra las leyes y contra las ciencias,
contra la mentira, contra la verdad...

¡Ora por nosotros, señor de los tristes,
que de fuerza alientas y de ensueños vistes,
coronado de áureo yelmo de ilusión;
que nadie ha podido vencer todavía,
por la adarga al brazo, toda fantasía,
y la lanza en ristre, toda corazón!

ALLÁ LEJOS

Buey que vi en mi niñez, echando vaho un día
bajo el nicaragüense sol de encendidos oros,

en la hacienda fecunda, plena de la armonía
del trópico; paloma de los bosques sonoros
del viento, de las hachas, de pájaros y toros
salvajes, yo os saludo, pues sois la vida mía.

Pesado buey, tú evocas la dulce madrugada
que llamaba a la ordeña de la vaca lechera,
cuando era mi existencia toda blanca y rosada,
y tú, paloma arrulladora y montañera,
significas en mi primavera pasada
todo lo que hay en la divina Primavera.

LO FATAL

Dichoso el árbol que es apenas sensitivo,
y más la piedra dura, porque ésa ya no siente,
pues no hay dolor más grande que el dolor de ser vivo,
ni mayor pesadumbre que la vida consciente.

Ser, y no saber nada, y ser sin rumbo cierto,
y el temor de haber sido y un futuro terror. . .
y el espanto seguro de estar mañana muerto,
y sufrir por la vida y por la sombra y por

lo que no conocemos y apenas sospechamos,
y la carne que tienta con sus frescos racimos,
y la tumba que aguarda con sus fúnebres ramos,
y no saber adónde vamos,
¡ni de dónde venimos. . .!

EL CANTO ERRANTE
(Madrid, 1907)

DILUCIDACIONES

I

El mayor elogio hecho recientemente a la Poesía y a los poetas ha sido expresado en lengua «anglosajona» por un hombre insospechable de extraordinarias complacencias con las nueve Musas. Un yanqui. Se trata de Teodoro Roosevelt.

Ese Presidente de República juzga a los armoniosos portaliras con mucha mejor voluntad que el filósofo Platón. No solamente les corona de rosas; mas sostiene su utilidad para el Estado y pide para ellos la pública estimación y el reconocimiento nacional. Por esto comprenderéis que el terrible cazador es un varón sensato.

Otros poderosos de la tierra, príncipes, políticos, millonarios, manifiestan una plausible deferencia por el dios cuyo arco es de plata, y por sus sacerdotes o representantes en una tierra cada día más vibrante de automóviles... y de bombas. Hay quienes, equivocados, juzgan en decadencia el noble oficio de rimar y casi desaparecida la consoladora vocación de soñar. Esto no es ocasionado por el *sport,* hoy en creciente auge. Las más ilustres escopetas dejan en paz a los cisnes. La culpa de ese temor, de esa duda sobre la supervivencia de los antiguos ideales, la tiene, entre nosotros, una hora de desencanto que, en la flor de la juventud —hace ya algunos lustros— sufrió un eminente colega —he nombrado a *Gedeón*—, cuando, entre los intelectuales de su cenáculo, presentó la célebre proposición sobre «si la forma poética está llamada a desaparecer». ¡Ah triste profesor de estética, aunque siempre regocijado y poliforme periodista! La forma poética, es decir, la de la rosada rosa, la de la cola del pavo real, la de los lindos ojos y frescos labios de las sabrosas mozas, no desaparece bajo la gracia del sol. Y en cuanto a la que preocupó siempre a líricos dómines, desde el divino Horacio a D. Josef Mamerto Gómez Hermosilla, ella sigue, persiste, se propaga y hasta se revoluciona, con justo escándalo de nuestro venerable maestro Benot, cuya sabiduría respeto y cuya intransigencia hasta deseos me inspira de aplaudir. Aplaudamos siempre lo sincero, lo consciente, y lo apasionado sobre todo.

II

No. La forma poética no está llamada a desaparecer, antes bien a extenderse, a modificarse, a seguir su desenvolvimiento en el eterno ritmo de los siglos. Podrá no haber poetas, pero siempre habrá poesía, dijo uno de los puros. Siempre habrá poesía y siempre habrá poetas. Lo que siempre faltará será la abundancia de los comprendedores, porque como excelentemente lo dice el Señor de Montaigne, y *Azorín* mi amigo puede certificarlo, *«nous avons bien plus de poëtes que de juges et interpretes de poesie; il est plus aysé de la faire que de la cognoistre».* Y agrega: *«A certaine mesure basse, on la peult juger par les préceptes et par art: mais la bonne la supreme, la divine, est au dessus des régles et de la raison.»*

Quizá porque entre nosotros no es frecuentemente servida la divina, la buena, la suprema, se usa, por lo general, la *mesure basse*. Mas no hace sino aumentar el gusto por los conceptos métricos. La alegría tradicional tiene sus representantes en regocijados versificadores, en casi todos los diarios. El órgano serio y grave, el *Temps* madrileño, tiene en su crítico autorizado, en su Gaston Deschamps, vamos al decir, un espíritu jovial que, a pesar de sus tareas transcendentales, no desdeña los entretenimientos de la parodia.

Quedamos, pues, en que la hermandad de los poetas no ha decaído, y aún pudiera renovar algún trecenazgo.

174

Asuntos estéticos acaloran las simpatías y las antipatías. Las violencias o las injusticias provocan naturales reacciones. Los más absurdos propósitos se confunden con generosas campañas de ideas. Mucha parte del público no sabe de lo que se trata. Pues los encargados de informarla no desean, en su mayoría, informarse a sí mismos. El diletantismo de otros es poco eficaz en la mediocracia pensante. Una afligente audacia confunde mal aprendidos nombres y mal escuchadas nociones del vivir de tales o cuales centros intelectuales extranjeros. Los nuevos maestros se dedican, más que a luchar en compañía de las nuevas falanges, al cultivo de lo que los teólogos llaman *appetitus inordinatus propiae excellentiae.*

Existe una *élite,* es indudable, como en todas partes, y a ella se debe la conservación de una íntima voluntad de pura belleza, de incontaminado entusiasmo. Mas en ese cuerpo de excelentes he aquí que uno predica lo arbitrario; otro, el orden; otro, la anarquía; y otro aconseja, con ejemplo y doctrina, un sonriente, un amable escepticismo. Todos valen. Mas ¿qué hace este admirable hereje, este jansenista, carne de hoguera, que se vuelve contra un grupo de rimadores de ensueños y de inspiraciones, a propósito de un nombre de instrumentos que viene del griego? ¡Cuando, por el amor del griego, se nos debía abrazar! Y ese antaño querido y rústico anfión —natural y fecundo como el chorro de la fuente, como el ruiseñor, como el trigo de la tierra—, ¿por qué me lapida, o me hace lapidar, desde su heredad, porque paso con mi sombrero de Londres o mi corbata de París? Y a los jóvenes, a los ansiosos, a los sedientos de cultura, de perfeccionamiento, o simplemente de novedad, o de antigüedad, ¿por qué se les grita: "¡haced esto!", o "¡haced lo otro!", en vez de dejarles bañar su alma en la luz libre, o respirar en el torbellino de su capricho? La palabra *Whim* teníala escrita en su cuarto de labor un fuerte hombre de pensamiento cuya sangre no era latina.

Precepto, encasillado, costumbres, clisé..., vocablos sagrados. *Anathema sit* al que sea osado a perturbar lo convenido de hoy, o lo convenido de ayer. Hay un horror de futurismo, para usar la expresión de este gran cerebral

175

y más grande sentimental que tiene por nombre Gabriel Alomar, el cual será descubierto cuando asesine su tranquilo vivir, o se tire a un improbable Volga en una Riga no aspirada.

El movimiento que en buena parte de las flamantes letras españolas me tocó iniciar, a pesar de mi condición de "meteco", echada en cara de cuando en cuando por escritores poco avisados, ha hecho que *El Imparcial* me haya pedido estas dilucidaciones. Alégrame el que puede serme propicia para la nobleza del pensamiento y la claridad del decir esta bella isla donde escribo, esta Isla de Oro, "isla de poetas, y aún de poetas, que, como usted, hayan templado su espíritu en la contemplación de la gran naturaleza americana", como me dice en gentiles y hermosas palabras un escritor apasionado de Mallorca. Me refiero a D. Antonio Maura, Presidente del Consejo de Ministros de Su Majestad Católica.

III

Un espíritu tan penetrante como ágil, un inglés pensante de los mejores, Arthur Symons, expresaba recientemente:

«La Naturaleza, se nos dice, trabaja según el principio de las compensaciones; y en Inglaterra, donde hemos tenido siempre pocos grandes hombres en la mayor parte de las artes, y un nivel general desesperadamente incomprensivo, me parece descubrir un ejemplo brillante de compensación. El público, en Inglaterra, me parece ser el menos artístico y el menos libre del mundo, pero quizá me parece eso porque yo soy inglés y porque conozco ese público mejor que cualquier otro.» Hay artistas descontentos en todas partes, que aplican a sus países respectivos el pensar del escritor británico. Yo, sin ser español de nacimiento, pero ciudadano de la lengua, llegué en un tiempo a creer algo parecido de España. De esto hace ya algunos años... Creía a España impermeable a todo rocío artístico que no fuera el que cada mañana primaveral hacía reverdecer los tallos de las antiguas flores de retórica, una retórica

176

que aún hoy mismo juzgan aquí imperante los extran-
jeros. Ved lo que dice el mismo Symons: «Me pregunto
si algún público puede ser, tanto como el público inglés,
incapaz de considerar una obra de arte como obra de
arte, sin pedirle otra cosa. Me pregunto si esta laguna
en el instinto de una raza que posee en sí el instinto
de la creación, señala un disgusto momentáneo de la
belleza, debido a las influencias puritanas, o bien simple-
mente una inatención peor aún, que provendría de ese
aplastador imperialismo que aniquila las energías del
país. No hay duda de que la muchedumbre es siempre
ignorante, siempre injusta; pero ¿hay otras muchedum-
bres opuestas con tanta persistencia al arte, porque es
arte, como el público inglés? Otros países tienen sus
preferencias: Italia y España, por dos especies retóricas;
Alemania, exactamente por lo contrario de lo que acon-
sejaba Heine cuando decía: «¡Ante todo, nada de énfasis!»
Pero yo no veo en Inglaterra ninguna preferencia, aun por
una mala forma de arte.» El predominio en España de
esa especie de retórica, aún persistente en señalados
reductos, es lo que combatimos los que luchamos por
nuestros ideales en nombre de la amplitud de la cultura
y de la libertad.

No es, como lo sospechan algunos profesores o
cronistas, la importación de otra retórica, de otro *poncif*,
con nuevos preceptos, con nuevo encasillado, con nuevos
códigos. Y, ante todo, ¿se trata de una cuestión de
formas? No. Se trata, ante todo, de una cuestión de ideas.

El clisé verbal es dañoso porque encierra en sí el
clisé mental, y, juntos, perpetúan la anquilosis, la inmo-
vilidad.

Y debo hacer un corto paréntesis, *pro domo mea*.
No habría comenzado la exposición de estos mis modos
de ver sin la amable invitación de *Los Lunes de El Im-
parcial*, hoja gloriosa desde días memorables en que
ofreciera sus columnas a los pareceres estéticos de
maestros de hoy por todos venerados y admirados. No
soy afecto a polémicas. Me he declarado, además, en
otra ocasión, y con placer íntimo, el ser menos pedagógico
de la tierra. Nunca he dicho: «lo que yo hago es lo que
se debe hacer». Antes bien, y en las palabras liminares

177

de mis *Prosas Profanas,* cité la frase de Wagner a su
discípula Augusta Holmes: «Sobre todo, no imitar a nadie,
y mucho menos, a mí.» Tanto en Europa como en América
se me ha atacado con singular y hermoso encarnizamiento.
Con el montón de piedras que me han arrojado pudiera
bien construirme un rompeolas que retardase en lo posible
la inevitable creciente del olvido... Tan solamente he
contestado a la crítica tres veces, por la categoría de
sus representantes, y porque mi natural orgullo juvenil,
¡entonces!, recibiera también flores de los sagitarios.
Por lo demás, ellos se llamaban Max Nordau, Paul Grous-
sac, Leopoldo Alas.

No creo preciso poner cátedra a teorías de aristos.
Aristos, para mí, en este caso, significa, sobre todo,
independientes. No hay mejor excelencia. Por lo que
a mí toca, si hay quien me dice, con aire alemán y con
lenguaje un poco bíblico: «Mi verdad es la verdad», le
contesto: «Buen provecho. Déjeme usted con la mía,
que así me place, en una deliciosa interinidad.»

IV

Deseo también enmendar algún punto en que han
errado mis defensores, que buenos los he tenido en
España. Los maestros de la generación pasada nunca
fueron sino benévolos y generosos conmigo. Los que
en estos asuntos se interesan no ignoran que Valera,
en estas mismas columnas, fue quien dio a conocer,
con un gentil entusiasmo muy superior a su ironía
la pequeña obra primigenia que inició allá en América
la manera de pensar y de escribir que hoy suscita aquí
y allá, ya inefables, ya truculentas controversias. Campo-
amor fue para mí lo que testigos eminentes —entre ellos
José Verdes Montenegro— pudieran certificar. Castelar
me dió pruebas de intelectual estímulo. Núñez de Arce,
cuando estuve en Madrid por la primera vez, como dele-
gado de mi país natal a las fiestas colombinas, fué tan
entusiasta conmigo, que hizo todo lo posible porque me
quedara en la Corte. Habló al respecto con Cánovas
del Castillo —otro ilustre y bondadoso amigo mío—,
y Cánovas escribió al Marqués de Comillas solicitando

para mi un puesto en la Trasatlántica. Entre tanto yo partí. No sin que antes en las tertulias de Valera se aplaudiesen y se criticasen algunos de los que llamaban mis atrevimientos líricos, que eran entonces, lo confieso, muy inocentes, y apenas de un modesto parnasianismo: *Elogio de la seguidilla;* un «Pórtico» para el libro *En tropel,* de Salvador Rueda. Mis versos fueron bien recibidos la primera vez que hablara ante un público español —fué en una velada en que tomaba parte don José Canalejas—. Rueda me alababa, no tanto como yo a él. Mas mis amigos literarios, además de los que he nombrado, se llamaban entonces Manuel del Palacio, Narciso Campillo, el Duque de Almenara, el Conde de las Navas, don Luis Vidart, don Miguel de los Santos Alvarez... Me apresuro a decir que yo tenía la grata edad de veinticinco años.

Estos cortos puntos de autobiografía literaria son para hacer notar que se equivocan los que afirman que yo no he sido bien acogido por los dirigentes anteriores. En esos mismos tiempos mi ilustre amiga doña Emilia Pardo Bazán se dió la voluptuosidad de hacerme recitar versos en su salón, en compañía del autor de *Pedro Abelardo...* Y mis aficiones clásicas encontraban un consuelo con la amistosa conversación de cierto joven maestro que vivía, como yo, en el hotel de las Cuatro Naciones; se llamaba, y se llama hoy en plena gloria, Marcelino Menéndez y Pelayo. El fué quien, oyendo una vez a un irritado censor atacar mis versos del «Pórtico» a Rueda, como peligrosa novedad,

> ...y esto pasó en el reinado de Hugo
> emperador de la barba florida.

dijo: «Esos son, sencillamente, los viejos endecasílabos de gaita gallega:

> Tanto bailé con el ama del cura,
> tanto bailé, que me dió calentura.»

Y yo aprobé. Porque siempre apruebo lo correcto, lo justo y lo bien intencionado. Yo no creía haber inventado nada... Se me había ocurrido la cosa como a Valmajour, el tamborilero de Provenza... O había «pensado musicalmente», según el decir de Carlyle esa mala compañía.

Desde entonces hasta hoy, jamás me he propuesto ni asombrar al burgués, ni martirizar mi pensamiento en potros de palabras.

No gusto de *moldes* nuevos ni viejos... Mi verso ha nacido siempre con su cuerpo y su alma, y no le he aplicado ninguna clase de ortopedia. He, sí, cantado aires antiguos; y he querido ir hacia el porvenir, siempre bajo el divino imperio de la música —música de las ideas, música del verbo.

V

«Los pensamientos e intenciones de un poeta son su estética», dice un buen escritor. Que me place. Pienso que el don del arte es aquel que de modo superior hace que nos reconozcamos íntima y exteriormente ante la vida. El poeta tiene la visión directa e introspectiva de la vida y una supervisión que va más allá de lo que está sujeto a las leyes del general conocimiento. La religión y la filosofía se encuentran con el arte en tales fronteras, pues en ambas hay también una ambiencia artística. Estamos lejos de la conocida comparación del arte con el juego. Andan por el mundo tantas flamantes teorías y enseñanzas estéticas... Las venden al peso, adobadas de ciencia fresca, de la que se descompone más pronto, para aparecer renovada en los catálogos y escaparates pasado mañana.

Yo he dicho: Cuando dije que mi poesía era «mía en mí», sostuve la primera condición de mi existir, sin pretensión ninguna de causar sectarismo en mente o voluntad ajena, y en un intenso amor absoluto de la Belleza. Yo he dicho: Ser sincero es ser potente. La actividad humana no se ejercita por medio de la ciencia y de los conocimientos actuales, sino en el vencimiento del tiempo y del espacio. Yo he dicho. Es el Arte el que vence el espacio y el tiempo. He meditado ante el problema de la existencia, y he procurado ir hacia la más alta idealidad. He expresado lo expresable de mi alma y he querido penetrar en el alma de los demás, y hundirme en la vasta alma universal. He apartado asimismo, como quiere Schopenhauer, mi individualidad del resto del mundo, y he visto con desinterés lo que a mi yo parece extraño, para convencerme de que nada es extraño a mi yo. He cantado, en mis diferentes modos, el espectáculo multiforme de la Naturaleza y su inmenso misterio. He celebrado el heroísmo, las épocas bellas de la Historia, los poetas, los ensueños, las esperanzas. He impuesto al instrumento lírico mi voluntad del momento, siendo a mi vez órgano de los instantes, vario y variable, según la dirección que imprime el inexplicable Destino.

Amador de la lectura clásica, me he nutrido de ella, mas siguiendo el paso de mis días. He comprendido la fuerza de las tradiciones en el pasado, y de las previsiones en lo futuro. He dicho que la tierra es bella, que en el arcano del vivir hay que gozar de la realidad alimentados de ideal. Y que hay instantes tristes por culpa de un monstruo malhechor llamado Esfinge. Y he cantado también a ese monstruo malhechor Yo he dicho:

Es incidencia la Historia. Nuestro destino supremo
está más allá del rumbo que marcan fugaces las épocas.
y Palenke y la Atlántida no son más que momentos
(soberbios
con que puntúa Dios los versos de su augusto Poema.

He celebrado las conquistas humanas y he, cada día, afianzado más mi seguridad de Dios. De Dios y de los dioses. Como hombre, he vivido en lo cotidiano; como poeta, no he claudicado nunca, pues siempre he tendido a la eternidad. Todo ello para que, fuera de la comprensión de los que me entienden con intelecto de amor, haga pensar a determinados profesores en tales textos; a la cuquería literaria, en escuelas y modas, a este ciudadano, en el ajenjo del Barrio Latino, y al otro, en las decoraciones «arte nuevo» de los *bars* y *music halls*. He comprendido la inanidad de la crítica Un diplomático os alaba por lo menos alabable que tenéis y otro os censura en mal latín o en esperanto.

Este doctor de fama universal os llama aquí «ese gran talento de Rubén Darío», y allá os inflige un estupefaciente desdén... Este amigo os defiende temeroso. Este enemigo os cubre de flores, pidiéndoos por bajo una limosna. Eso es la literatura... Eso es lo que yo abomino. Maldígame la potencia divina si alguna vez, después de un roce semejante, no he ido al baño de luz lustral que todo lo purifica: la autoconfesión ante la única Norma.

VI

Jamás he manifestado el culto exclusivo de la palabra por la palabra. «Las palabras —escribe el señor Ortega y Gasset, cuyos pensares me halagan—, las palabras son logaritmos de las cosas, imágenes, ideas y sentimientos, y por tanto, sólo pueden emplearse como signos de valores, nunca como valores.» De acuerdo. Mas la palabra nace juntamente con la idea, o coexiste con la idea, pues no podemos darnos cuenta de la una sin la otra. Tal mi sentir, a menos que alguien me contradiga después de haber presenciado el parto del cerebro, observando con el microscopio los neurones de nuestro gran Cajal.

En el principio está la palabra como única representación. No simplemente como signo, puesto que no hay antes nada que representar. En el principio está la palabra como manifestación de la unidad infinita, pero ya conteniéndola. *Et verbum erat Deus*

La palabra no es en sí más que un signo, o una combinación de signos; mas lo contiene todo por la virtud demiúrgica. Los que la usan mal, serán los culpables, si no saben manejar esos peligrosos y delicados medios. Y el arte de la ordenación de las palabras no deberá estar sujeto a imposición de yugos, puesto que acaba de nacer la verdad que dice: el arte no es un conjunto de reglas, sino una armonía de caprichos.

Yo no soy inconoclasta. ¿Para qué? Hace siempre falta a la creación el tiempo perdido en destruir. Mal haya la filosofía que viene de Alemania, que viene de Inglaterra o que viene de Francia, si ella viene a quitar, y no a dar. Sepamos que muchas de esas cosas flamantes

182

importadas yacen, entre polillas, en ancianos infolios españoles. Y las que no, son pruebas por corregir para la edición de mañana, en espera de una sucesión de correcciones. Se está ahora, editorialmente —en Palma de Mallorca—, desenterrando de sus cenizas a un Lulio. ¿Creéis que este fénix resucitado contenga menos que lo que puede dar a la percepción filosófica de hoy cualquiera de los *reporters* usuales en cátedras periodísticas y más o menos sorbónicas del día?

Construir, hacer, ¡oh juventud! Juntos para el templo; solos para el culto. Juntos para edificar; solos para orar. Y con la constancia no será la menor virtud, que en ella va la invencible voluntad de crear. Mas si alguien dijera: «Son cosas de ideólogos», o «son cosas de poetas», decir que no somos otra cosa. Es expresar: además del cerdo y del cisne, que nos han adjudicado ciertos filósofos, tenemos el ángel.

¡Tener ángel, Dios mío! Pido exegetas andaluces.

Resumo: La poesía existirá mientras exista el problema de la vida y de la muerte. El don de arte es un don superior que permite entrar en lo desconocido de antes y en lo ignorado de después, en el ambiente del ensueño o de la meditación. Hay una música ideal como hay una música verbal. No hay escuelas; hay poetas. El verdadero artista comprende todas las maneras y halla la belleza bajo todas las formas. Toda la gloria y toda la eternidad están en nuestra conciencia.

RUBÉN DARÍO

EL CANTO ERRANTE

El cantor va por todo el mundo
sonriente o meditabundo.

El cantor va sobre la tierra
en blanca paz o en roja guerra.

Sobre el lomo del elefante
por la enorme India alucinante.

En palanquín y en seda fina
por el corazón de la China;

en automóvil en Lutecia;
en negra góndola en Venecia;

sobre las pampas y los llanos
en los potros americanos;

por el río va en la canoa,
o se le ve sobre la proa

de un *steamer* sobre el vasto mar,
o en un vagón de *sleeping-car.*

El dromedario del desierto,
barco vivo, le lleva a un puerto.

Sobre el raudo trineo trepa
en la blancura de la estepa.

O en el silencio de cristal
que ama la aurora boreal.

El cantor va a pie por los prados,
entre las siembras y ganados.

Y entra en su Londres en el tren,
y en asno a su Jerusalén.

Con estafetas y con malas,
va el cantor por la humanidad.

El canto vuela, con sus alas:
Armonía y Eternidad.

METEMPSICOSIS

Yo fuí un soldado que durmió en el lecho
de Cleopatra la reina. Su blancura
y su mirada astral y omnipotente.
Eso fué todo.

¡Oh mirada! ¡oh blancura! y ¡oh aquel lecho
en que estaba radiante la blancura!
¡Oh la rosa marmórea omnipotente!
Eso fué todo.

Y crujió su espinazo por mi brazo;
y yo, liberto, hice olvidar a Antonio
(¡oh el lecho y la mirada y la blancura!)
Eso fué todo.

Yo, Rufo Galo, fuí soldado, y sangre
tuve de Galia, y la imperial becerra
me dió un minuto audaz de su capricho.
Eso fué todo.

¿Por qué en aquel espasmo las tenazas
de mis dedos de bronce no apretaron

el cuello de la blanca reina en broma?
Eso fué todo.

Yo fuí llevado a Egipto. La cadena
tuve al pescuezo. Fuí comido un día
por los perros. Mi nombre, Rufo Galo.
Eso fué todo.

A COLON

¡Desgraciado Almirante! Tu pobre América,
tu india virgen y hermosa de sangre cálida,
la perla de tus sueños, es una histérica
de convulsivos nervios y frente pálida.

Un desastroso espíritu posee tu tierra:
donde la tribu unida blandió sus mazas,
hoy se enciende entre hermanos perpetua guerra,
se hieren y destrozan las mismas razas.

Al ídolo de piedra reemplaza ahora
el ídolo de carne que se entroniza,
y cada día alumbra la blanca aurora
en los campos fraternos sangre y ceniza.

Desdeñando a los reyes, nos dimos leyes
al son de los cañones y los clarines.
v hoy al favor siniestro de negros beyes
fraternizan los Judas con los Caínes.

Bebiendo la esparcida savia francesa
con nuestra boca indígena semi-española,
día a día cantamos la *Marsellesa*
para acabar danzando la *Carmañola.*

Las ambiciones pérfidas no tienen diques,
soñadas libertades yacen deshechas.
¡Eso no hicieron nunca nuestros Caciques,
a quienes las montañas daban las flechas!

Ellos eran soberbios, leales y francos,
ceñidas las cabezas de raras plumas;
¡ojalá hubieran sido los hombres blancos
como los Atahualpas y Moctezumas!

Cuando en vientres de América cayó semilla
de la raza de hierro que fué de España,
mezcló su fuerza heroica la gran Castilla
con la fuerza del indio de la montaña.

¡Pluguiera a Dios las aguas antes intactas
no reflejaran nunca las blancas velas;
ni vieran las estrellas estupefactas
arribar a la orilla tus carabelas!

Libres como las águilas, vieran los montes
pasar los aborígenes por los boscajes,
persiguiendo los pumas y los bisontes
con el dardo certero de sus carcajes.

Que más valiera el jefe rudo y bizarro
que el soldado que en fango sus glorias finca,
que ha hecho gemir al Zipa bajo su carro
o temblar las heladas momias del Inca.

La cruz que nos llevaste padece mengua;
y tras encanalladas revoluciones,
la canalla escritora mancha la lengua
que escribieron Cervantes y Calderones.

Cristo va por las calles flaco y enclenque,
Barrabás tiene esclavos y charreteras,
y las tierras de Chibcha, Cuzco y Palenque
han visto engalonadas a las panteras

Duelos, espantos, guerras, fiebre constante
en nuestra senda ha puesto la suerte triste:
¡Cristóforo Colombo, pobre Almirante,
ruega a Dios por el mundo que descubriste!

SALUTACIÓN AL ÁGUILA

Bien vengas, mágica Aguila de alas enormes y fuertes,
a extender sobre el Sur tu gran sombra continental,
a traer en tus garras, anilladadas de rojos brillantes,
una palma de gloria, del color de la inmensa esperanza,
y en tu pico la oliva de una vasta y fecunda paz.

Bien vengas, oh mágica Aguila, que amara tanto Walt
(Whitman,*
quien te hubiera cantado en esta olímpica gira,
Aguila que has llevado tu noble y magnífico símbolo
desde el trono de Júpiter* hasta el gran continente del
(Norte.

Ciertamente, has estado en las rudas conquistas del
(orbe.
Ciertamente, has tenido que llevar los antiguos rayos.
Si tus alas abiertas la visión de la paz perpetúan,
en tu pico y tus uñas está la necesaria guerra.

¡Precisión de la fuerza!   ¡Majestad adquirida del trueno!
Necesidad de abrirle el gran vientre fecundo a la tierra
para que en ella brote la concreción de oro de la espiga,
y tenga el hombre el pan con que mueve su sangre.

No es humana la paz con que sueñan ilusos profetas,
la actividad eterna hace precisa la lucha,
y desde tu etérea altura tú contemplas, divina Aguila,
la agitación combativa de nuestro globo vibrante.

Es incidencia la historia.   Nuestro destino supremo
está más allá del rumbo que marcan fugaces las épocas.
Y Palenque* y la Atlántida* no son más que momentos
(soberbios
con que puntúa Dios los versos de su augusto Poema.

Muy bien llegada seas a la tierra pujante y ubérrima,
sobre la cual la Cruz del Sur* está, que miró Dante*
cuando, siendo Mesías, impulsó en su intuición sus bajeles,
que antes que los del Sumo Cristóbal* supieron nuestro
(cielo.

189

¡*E pluribus unum!** ¡Gloria, victoria, trabajo!
Tráenos los secretos de las labores del Norte,
y que los hijos nuestros dejen de ser los retores* latinos,
y aprendan de los yanquis la constancia, el vigor, el
(carácter.

¡Dinos, águila ilustre, la manera de hacer multitudes
que hagan Romas y Grecias con el jugo del mundo
(presente,
y que, potentes y sobrias, extiendan su luz y su imperio,
y que, teniendo el Aguila y el Bisonte y el Hierro y el Oro,
tengan un áureo día para darle las gracias a Dios!

Aguila, existe el Cóndor. Es tu hermano en las grandes
(alturas.
Los Andes le conocen y saben, que cual tú mira al Sol.
May this grand Union have no end!, dice el poeta.*
Puedan ambos juntarse, en plenitud, concordia y esfuerzo.

Aguila, que conoces desde Jove* hasta Zarathustra*
y que tienes en los Estados Unidos tu asiento,
que sea tu venida fecunda para estas naciones
que el pabellón admiran constelado de bandas y estrellas.

¡Aguila que estuviste en las horas sublimes de Pathmos*
Aguila prodigiosa, que te nutres de luz y de azul,
como una Cruz viviente, vuela sobre estas naciones,
y comunica al globo la victoria feliz del futuro!

Por algo eres la antigua mensajera jupiterina,
por algo has presenciado cataclismos y luchas de razas,
por algo estás presente en los sueños del Apocalipsis,
por algo eres el ave que han buscado los fuertes imperios.

¡Salud, Aguila, extensa virtud a tus inmensos revuelos,
reina de los azures, ¡salud!, ¡gloria!, ¡victoria y encanto!
¡Que la Latina América reciba tu mágica influencia
y que renazca nuevo Olimpo, lleno de dioses y de héroes!

¡Adelante, siempre adelante! ¡*Excelsior!* ¡Vida!
(¡Lumbre)

190

¡Que se cumpla lo prometido en los destinos terrenos,
y que vuestra obra inmensa las aprobaciones recoja
del mirar de los astros, y de lo que hay más allá!

REVELACION

En el acantilado de una roca
que se alza sobre el mar, yo lancé un grito
que de viento y de sal llenó mi boca:

a la visión azul de lo infinito,
al poniente magnífico y sangriento,
al rojo sol todo milagro y mito.

Y sentí que sorbía en sal y viento
como una comunión de comuniones
que en mí hería sentido y pensamiento.

Vidas de palpitantes corazones,
luz que ciencia concreta en sus entrañas,
y prodigios de las constelaciones.

Y oí la voz del dios de las montañas
que anunciaba su vuelta en el concierto
maravilloso de sus siete cañas.

Y clamé y dijo mi palabra: «¡Es cierto,
el gran dios de la fuerza y de la vida,
Pan,* el gran Pan de lo inmortal, no ha muerto!»

Volví la vista a la montaña erguida
como buscando la bicorne frente
que pone el sol en l'alma del panida.*

Y vi la singular doble serpiente
que enroscada al celeste caduceo*
pasó sobre las olas de repente

llevada por Mercurio.* Y mi deseo
tornó a Thalasa* maternal la vista,
pues todo hallo en la mar cuando la veo.

   Y vi azul y topacio y amatista,
oro y perla y argento y violeta
y de la hija de Electra* la conquista.

   Y escuché el ronco ruido de trompeta
que del tritón* el caracol derrama,
y a la sirena, amada del poeta.

   Y con la voz de quien aspira y ama,
clamé: «¿Dónde está el dios que hace del lodo
con el hendido pie brotar el trigo,

   que a la tribu ideal salva en su exodo?»
Y oí dentro de mí: «Yo estoy contigo,
y estoy en ti y por ti: yo soy el Todo.»

VERSOS DE OTOÑO

   Cuando mi pensamiento va hacia ti, se perfuma;
tu mirar es tan dulce, que se torna profundo.
Bajo tus pies desnudos aún hay blancor de espuma,
y en tus labios compendias la alegría del mundo.

   El amor pasajero tiene el encanto breve,
y ofrece un igual término para el gozo y la pena.
Hace una hora que un nombre grabé sobre la nieve;
hace un minuto dije mi amor sobre la arena.

   Las hojas amarillas caen en la alameda,
en donde vagan tantas parejas amorosas.
Y en la copa de Otoño un vago vino queda
en que han de deshojarse, Primavera, tus rosas.

VISIÓN

Tras de la misteriosa selva extraña
vi que se levantaba al firmamento
horadada y labrada una montaña

que tenía en la sombra su cimiento.
Y en aquella montaña estaba el nido
del trueno, del relámpago y del viento.

Y tras sus arcos negros el rugido
se oía del león. Y cual obscura
catedral de algún dios desconocido,

aquella fabulosa arquitectura
formada de prodigios y visiones,
visión monumental, me dió pavura.

A sus pies habitaban los leones;
y las torres y flechas de oro fino
se juntaban con las constelaciones.

Y había un vasto domo diamantino
donde se alzaba un trono extraordinario
sobre sereno fondo azul marino.

Hierro y piedra primero, y mármol pario
luego, y arriba mágicos metales.
Una escala subía hasta el santuario

de la divina sede. Los astrales
esplendores, las gradas repartidas
de tres en tres bañaban. Colosales

águilas con las alas extendidas
se contemplan en el centro de una
atmósfera de luces y de vidas.

Y en una palidez de oro de luna
una paloma blanca se cernía,
alada perla en mística laguna.

La montaña labrada parecía
por un majestüoso Piraneso*
Babélico. En sus flancos se diría

que hubiese cincelado el bloque espeso
el rayo; y en lo alto, enorme friso
de la luz recibía un áureo beso,

beso de luz de aurora y paraíso.
Y yo grité en la sombra: —¿En qué lugares
vaga hoy el alma mía?— De improviso

surgió ante mí, ceñida de azahares
y de rosas blanquísimas, Estela*
la que suele surgir en mis cantares.

Y díjome con voz de Filomela:*
—No temas: es el reino de la lira
de Dante; y la paloma que revuela

en la luz es Beatrice.* Aquí conspira
todo el supremo amor y alto deseo.
Aquí llega el que adora y el que admira—.

—¿Y aquél trono—le dije—que allá veo?—
—Ese es el trono en que su gloria asienta
ceñido el lauro el gibelino* Orfeo.

Y abajo en donde duerme la tormenta.
Y el lobo y el león entre lo obscuro
encienden su pupila, cual violenta

brasa. Y el vasto y misterioso muro
es piedra y hierro; luego las arcadas
del medio son de mármol; de oro puro

la parte superior, donde en gloriosas
albas eternas se abre el infinito
la sacrosanta Rosa de las rosas—.

—¡Oh bendito el Señor—clamé—, bendito,
que permitió al arcángel* de Florencia
dejar tal mundo de misterio escrito

con lengua humana y sobrehumana ciencia,
y crear este extraño imperio eterno
y ese trono radiante en su eminencia,

ante el cual abismado me prosterno!
¡Y feliz quien al Cielo se levanta
por las gradas de hierro de su Infierno!

Y ella: —Que este prodigio diga y cante
tu voz—. Y yo: —Por el amor humano
he llegado al divino. ¡Gloria al Dante!

Ella, en acto de gracia, con la mano
me mostró de las águilas los vuelos,
y ascendió como un lirio soberano

hacia Beatriz,* paloma de los cielos.
Y en el azul dejaba blancas huellas
que eran a mí delicias y consuelos.

¡Y vi que me miraban las estrellas!

SUM. . .

Yo soy en Dios lo que soy
y mi ser es voluntad
que, perseverando hoy,
existe en la eternidad.

Cuatro horizontes de abismo
tiene mi razonamiento,
y el abismo que más siento
es el que siento en mí mismo.

Hay un punto alucinante
en mi villa de ilusión:
La torre del elefante
junto al quiosco del pavón.

Aún lo humilde me subyuga
si lo dora mi deseo.
La concha de la tortuga
me dice el dolor de Orfeo.*

Rosas buenas, lirios pulcros,
loco de tanto ignorar,
voy a ponerme a gritar
al borde de los sepulcros;

¡Señor, que la fe se muere!
Señor, mira mi dolor.
¡Miserere! ¡Miserere!
Dame la mano, Señor...

¡EHEU*!

Aquí, junto al mar latino,
digo la verdad:
Siento en roca, aceite y vino,
yo mi antigüedad.

¡Oh, qué anciano soy, Dios **santo**;
oh, qué anciano soy!...
¿De dónde viene mi canto?
Y yo, ¿adónde voy?

El conocerme a mí mismo
ya me va costando
muchos momentos de abismos
y el cómo y el cuándo...

Y esta claridad latina,
¿de qué me sirvió

a la entrada de la mina
del yo y el no yo. . . ?

   Nefelibata contento,
creo interpretar
las confidencias del viento,
la tierra y el mar. . .

   Unas vagas confidencias
del ser y el no ser,
y fragmentos de conciencias
de ahora y ayer.

   Como en medio de un desierto
me puse a clamar;
y miré al sol como muerto
y me eché a llorar.

NOCTURNO (III)

   Silencio de la noche, doloroso silencio
nocturno. . . ¿Por qué el alma tiembla de tal manera?
Oigo el zumbido de mi sangre,
dentro mi cráneo pasa una suave tormenta.
¡Insomnio! No poder dormir y, sin embargo,
soñar. Ser la auto-pieza
de disección espiritual, ¡el auto-Hamlet!*
dilüir mi tristeza
en un vino de noche,
en el maravilloso cristal de las tinieblas. . .
Y me dijo: ¿a qué hora vendrá el alba?
Se ha cerrado una puerta. . .
Ha pasado un transeúnte. . .
Ha dado el reloj tres horas. . . ¡Si será Ella!. . .*

**POEMA DEL OTOÑO
Y OTROS POEMAS
(Madrid, 1910)**

POEMA DEL OTOÑO

Tú que estás la barba en la mano
meditabundo,
¿has dejado pasar, hermano,
la flor del mundo?

Te lamentas de los ayeres
con quejas vanas:
¡aún hay promesa de placeres
en los mañanas!

Aún puedes casar la olorosa
rosa y el lis,
y hay mirtos para tu orgullosa
cabeza gris.

El alma ahíta cruel inmola
lo que la alegra,
como Zingua,* reina de Angola,*
lúbrica negra.

Tú has gozado de la hora amable,
y oyes después
la imprecación del formidable
Eclesiastés.*

El domingo de amor te hechiza;
mas mira cómo
llega el miércoles de ceniza;
Memento, homo*. . .

Por eso hacia el florido monte
las almas van,
y se explican Anacreonte*
y Omar Kayam.*

Huyendo del mal, de improviso
se entra en el mal
por la puerta del paraíso
artificial.

Y, no obstante, la vida es bella,
por poseer
la perla, la rosa, la estrella
y la mujer.

Lucifer* brilla. Canta el ronco
mar. Y se pierde
Silvano* oculto tras el tronco
del haya verde.

Y sentimos la vida pura,
clara, real,
cuando la envuelve la dulzura
primaveral.

¿Para qué las envidias viles
y las injurias,
cuando retuercen sus reptiles
pálidas furias?

¿Para qué los odios funestos
de los ingratos?
¿Para qué los lívidos gestos
de los Pilatos?*

¡Si lo terreno acaba, en suma,
cielo e infierno,
y nuestras vidas son la espuma
de un mar eterno!

Lavemos bien de nuestra veste
la amarga prosa;

soñemos en una celeste,
mística rosa.

   Cojamos la flor del instante;
¡la melodía
de la mágica alondra cante
la miel del día!

   Amor a su fiesta convida
y nos corona.
Todos tenemos en la vida
nuestra Verona.*

   Aun en la hora crepuscular
canta una voz:
"Ruth,* risueña, viene a espigar
para Booz!"*

   Mas coged la flor del instante,
cuando en Oriente
nace el alba para el fragante
adolescente.

   ¡Oh! Niño que con Eros* juegas,
niños lozanos,
danzad como las ninfas griegas
y los silvanos.*

   El viejo tiempo todo roe
y va de prisa;
sabed vencerle, Cintia,* Cloe,
y Cidalisa.

   Trocad por rosas azahares,
que suena el son
de aquel *Cantar de los Cantares*
de Salomón.*

   Príapo* vela en los jardines
que Cipris* huella;
Hécate* hace aullar los mastines;
mas Diana* es bella,

y apenas envuelta en los velos
de la ilusión,
baja a los bosques de los cielos
por Endimión.*

¡Adolescencia! Amor te dora
con su virtud;
goza del beso de la aurora,
¡oh, juventud!

¡Desventurado el que ha cogido
tarde la flor!
Y ¡ay de aquel que nunca ha sabido
lo que es amor!

Yo he visto en tierra tropical
la sangre arder,
como en un cáliz de cristal
en la mujer,

y en todas partes la que ama
y se consume
como una flor hecha de llama
y de perfume.

Abrasaos en esa llama
y respirad
ese perfume que embalsama
la Humanidad.

Gozad de la carne, ese bien
que hoy nos hechiza,
y después se tornará en
polvo y ceniza.

Gozad del sol, de la pagana
luz de sus fuegos;
gozad del sol, porque mañana
estaréis ciegos.

Gozad de la dulce armonía
que a Apolo invoca;
gozad del canto, porque un día
no tendréis boca.

Gozad de la tierra que un
bien cierto encierra;
gozad, porque no estáis aún
bajo la tierra.

Apartad el temor que os hiela
y que os restringe;
la paloma de Venus* vuela
sobre la Esfinge.*

Aún vencen muerte, tiempo y hado
las amorosas;
en las tumbas se han encontrado
mirtos y rosas.

Aún Anadiómena* en sus lidias
nos da su ayuda;
aún resurge en la obra de Fidias*
Friné* desnuda.

Vive el bíblico Adán robusto,
de sangre humana,
y aún siente nuestra lengua el gusto
de la manzana.

Y hace de este globo viviente
fuerza y acción
la universal y omnipotente
fecundación.

El corazón del cielo late
por la victoria
de este vivir, que es un combate
y es una gloria.

Pues aunque hay pena y nos agravia
el sino adverso,

en nosotros corre la savia
del universo.

Nuestro cráneo guarda el vibrar
de tierra y sol,
como el rüido de la mar
el caracol.

La sal del mar en nuestras venas
va a borbotones;
tenemos sangre de sirenas
y de tritones.*

A nosotros encinas, lauros,
frondas espesas; .
tenemos carne de centauros
y satiresas.*

En nosotros la Vida vierte
fuerza y calor.
¡Vamos al reino de la Muerte
por el camino del Amor!

A MARGARITA DEBAYLE*

Margarita, está linda la mar,
y el viento
lleva esencia sutil de azahar;
yo siento
en el alma una alondra cantar:
tu acento.
Margarita, te voy a contar
un cuento.

*

Este era un rey que tenía
un palacio de diamantes,

206

una tienda hecha del día
y un rebaño de elefantes.

Un quiosco de malaquita,
un gran manto de tisú,
y una gentil princesita,
tan bonita,
Margarita,
tan bonita como tú.

Una tarde la princesa
vio una estrella aparecer;
la princesa era traviesa
y la quiso ir a coger.

La quería para hacerla
decorar un prendedor,
con un verso y una perla,
una pluma y una flor.

Las princesas primorosas
se parecen mucho a ti.
Cortan lirios, cortan rosas,
cortan astros. Son así.

Pues se fue la niña bella,
bajo el cielo y sobre el mar,
a cortar la blanca estrella
que la hacía suspirar.

Y siguió camino arriba,
por la luna y más allá;
mas lo malo es que ella iba
sin permiso del papá.

Cuando estuvo ya de vuelta
de los parques del Señor,
se miraba toda envuelta
en un dulce resplandor.

Y el rey dijo: «¿Qué te has hecho?
Te he buscado y no te hallé;

y ¿qué tienes en el pecho
que encendido se te ve?»

La princesa no mentía.
Y así, dijo la verdad:
«Fuí a cortar la estrella mía
a la azul inmensidad.»

Y el rey clama: «¿No te he dicho
que el azul no hay que tocar?
¡Qué locura! ¡Qué capricho!
El Señor se va a enojar.»

Y dice ella: «No hubo intento;
yo me fui, no sé por qué,
por las olas y en el viento
fui a la estrella y la corté.»

Y el papá dice enojado:
«Un castigo has de tener:
vuelve al cielo, y lo robado
vas ahora a devolver.»

La princesa se entristece
por su dulce flor de luz,
cuando entonces aparece
sonrïendo el Buen Jesús.

Y así dice: «En mis campiñas
esa rosa le ofrecí:
son mis flores de las niñas
que al soñar piensan en Mí.»

Viste el rey ropas brillantes,
y luego hace desfilar
cuatrocientos elefantes
a la orilla de la mar.

La princesita está bella,
pues ya tiene el prendedor
en que lucen, con la estrella,
verso, perla, pluma y flor.

Margarita, está linda la mar,
y el viento
lleva esencia sutil de azahar:
tu aliento.

Ya que lejos de mí vas a estar,
guarda, niña, un gentil pensamiento
al que un día te quiso contar
un cuento.

CANTO A LA ARGENTINA
Y OTROS POEMAS
(Madrid, 1914)

CANTO A LA ARGENTINA

(fragmento)

¡Argentina! ¡Argentina!
¡Argentina! El sonoro
viento arrebata la gran voz de oro.
Ase la fuerte diestra la bocina
y el pulmón fuerte, bajo los cristales
del azul, que han vibrado,
lanza el grito: *Oíd, mortales*
oíd el grito sagrado.

Oíd el grito que va por la floresta
de mástiles que cubre el ancho estuario,
e invade el mar; sobre la enorme fiesta
de las fábricas trémulas de vida;
sobre las torres de la urbe henchida;
sobre el extraordinario
tumulto de metales y de lumbres
activos; sobre el cósmico portento
de obra y de pensamiento
que arde en las poliglotas muchedumbres;
sobre el construir, sobre el bregar, sobre el soñar,
sobre la blanca sierra,
sobre la extensa tierra,
sobre la vasta mar.

¡Argentina, región de la aurora!
¡Oh tierra abierta al sediento

de libertad y de vida,
dinámica y creadora!
¡Oh barca augusta, de prora
triunfante, de doradas velas!
De allá de la bruma infinita,
alzando la palma que agita,
te saluda el divo Cristóbal,
príncipe de las Carabelas.

   Te abriste como una granada,
como una ubre te henchiste,
como una espiga te erguiste
a toda raza congojada
a toda humanidad triste,
a los errabundos y parias
que bajo nubes contrarias
van en busca del buen trabajo.
del buen comer, del buen dormir,
del techo para descansar
y ver a los niños reír,
bajo el cual se sueña y bajo
el cual se piensa morir.

   ¡Exodos! ¡Exodos! Rebaños
de hombres, rebaños de gentes
que teméis los días huraños,
que tenéis sed sin hallar fuentes
y hambre sin el pan deseado,
y amáis la labor que germina.
Los éxodos os han salvado:
¡hay en la tierra una Argentina!
He aquí la región del Dorado,*
he aquí el paraíso terrestre,
he aquí la ventura esperada,
he aquí el Vellocino* de Oro,
he aquí Canaán* la preñada,
la Atlántida* resucitada;
he aquí los campos del Toro*
y del Becerro* simbólico;
he aquí el existir que en sueños

miraron los melancólicos,
los clamorosos, los dolientes
poetas y visionarios
que en sus olimpos o calvarios
amaron a todas las gentes.

He aquí el gran Dios desconocido
que todos los dioses abarca.
Tiene su templo en el espacio;
tiene su gazofilacio
en la negra carne del mundo.
Aquí está la mar que no amarga,
aquí está el Sahara fecundo,
aquí se confunde el tropel
de los que al infinito tienden;
y se edifica la Babel
en donde todos se comprenden.

*

LA CARTUJA*

Este vetusto monasterio ha visto,
secos de orar y pálidos de ayuno,
con el breviario y con el Santo Cristo,
a los callados hijos de San Bruno.*

A los que en su existencia solitaria,
con la locura de la cruz y al vuelo
místicamente azul de la plegaria,
fueron a Dios en busca de consuelo.

Mortificaron con las disciplinas
y los cilicios la carne mortal
y opusieron, orando, las divinas
ansias celestes al furor sexual.

La soledad que amaba Jeremías,
el misterioso profesor de llanto,
y el silencio, en que encuentran armonías
el soñador, el místico y el santo,

fueron para ellos minas de diamantes
que cavan los mineros serafines
a la luz de los cirios parpadeantes
y al son de las campanas de maitines.

Gustaron las harinas celestiales
en el maravilloso simulacro,
herido el cuerpo bajo los sayales,
el espíritu ardiente en amor sacro.

Vieron la nada amarga de este mundo,
pozos de horror y dolores extremos,
y hallaron el concepto más profundo
en el profundo *De morir tenemos.**

Y como a Pablo e Hilarión y Antonio,*
a pesar de cilicios y oraciones,
les presentó, con su hechizo, el demonio
sus mil visiones de fornicaciones.

Y fueron castos por dolor y fe,
y fueron pobres por la santidad,
y fueron obedientes porque fue
su reina de pies blancos la humanidad.

Vieron los belcebúes y satanes
que esas almas humildes y apostólicas
triunfaban de maléficos afanes
y de tantas acedías melancólicas.

Que el *Mortui estis** del candente Pablo
les forjaba corazas arcangélicas
y que nada podía hacer el diablo
de halagos finos o añagazas bélicas.

¡Ah!, fuera yo de esos que Dios quería,
y que Dios quiere cuando así le place,
dichosos ante el temeroso día
de losa fría y *Requiescat in pace!"*

Poder matar el orgullo perverso
y el palpitar de la carne maligna,
todo por Dios, delante el Universo,
con corazón que sufre y se resigna.

Sentir la unción de la divina mano,
ver florecer de eterna luz mi anhelo,
y oír como un Pitágoras cristiano
la música teológica del cielo.

Y al fauno que hay en mí, darle la ciencia,
que al Ángel hace estremecer las alas.
Por la oración y por la penitencia
poner en fuga a las diablesas malas.

Darme otros ojos, no estos ojos vivos
que gozan en mirar, como los ojos
de los sátiros locos medio-chivos,
redondeces de nieve y labios rojos.

Darme otra boca en que queden impresos
los ardientes carbones del asceta;
y no esta boca en que vinos y besos
aumentan gulas de hombre y de poeta.

Darme otras manos de disciplinante
que me dejen el lomo ensangrentado,
y no estas manos lúbricas de amante
que acarician las pomas del pecado.

Darme otra sangre que me deje llenas
las venas de quietud y en paz los sesos,
y no esta sangre que hace arder las venas,
vibrar los nervios y crujir los huesos.

¡Y quedar libre de maldad y engaño,
y sentir una mano que me empuja
a la cueva que acoge al ermitaño,
o al silencio y la paz de la Cartuja!*

VARIOS POEMAS QUE NO APARECEN EN LOS LIBROS PRECEDENTES

LA NEGRA DOMINGA[17]

FRAGMENTO

¿CONOCÉIS a la negra Dominga?
El retoño de cafre y mandinga,
es flor de ébano henchida de sol.
Ama el ocre y el rojo y el verde,
y en su boca, que besa y que muerde,
tiene el ansia del beso español.

Serpentina, fogosa y violenta,
con caricias de miel y pimienta
vibra y muestra su loca pasión:
fuegos tiene que Venus alaba
y envidiara la reina de Saba
para el lecho del rey Salomón.

Vencedora, magnífica y fiera,
con halagos de gata y pantera
tiende al blanco su abrazo febril,

---

17. Rubén Darío estuvo en la Habana el 29 y el 30 de julio de 1892, en viaje hacia España. "La negra Dominga" se publicó en *La Caricatura* el 14 de agosto de ese año, firmado R. D. Enrique Hernández Miyares, Max Henríquez Ureña y Rafael Esténger se lo han atribuido a Julián del Casal. Las iniciales R. D., más el estilo, no parecen justificar la aseveración de dichos críticos. Julián del Casal era el director de *La Caricatura*. Rubén Darío era amigo de Julián del Casal y de Enrique Hernández Miyares. A éste le dedicó el poema "Caupolicán," que aparece en *Azul*. Véase mi nota 16, al pie del poema "Para una cubana." Para mayor información sobre "La negra Dominga" véase la página 1343 del libro Rubén Darío *Poesías Completas*, edición de Alfonso Méndez Plancarte, Madrid: Aguilar, 1961.

y en su boca, do el beso está loco,
muestra dientes de carne de coco
con reflejos de lácteo marfil.

(La Habana, 30-VII-1892.)

A FRANCISCA[18]

I

FRANCISCA, tú has venido
en la hora segura;
la mañana es obscura
y está caliente el nido.

Tú tienes el sentido
de la palabra pura,
y tu alma te asegura
el amante marido.

Un marido y amante
que, terrible y constante,
será contigo dos.

Y que fuera contigo,
como amante y amigo,
al infierno o a Dios.

---

18. Rubén Darío, viudo, se casó en segundas nupcias. Este matrimonio fue un fracaso. Marido y mujer vivían separados. Rubén Darío no pudo divorciarse porque las leyes de su país no permitían el divorcio. En 1899, Rubén Darío conoció en España a Francisca Sánchez, que se convirtió en su fiel y amante compañera hasta 1914, año en que él regresó enfermo a América para morir más tarde en su patria. El poeta escribió estos seis poemas a Francisca Sánchez, pero no se conoce la fecha de composición de los cinco primeros, sólo la del último, 21 de febrero de 1914. Nótese la angustia mortal y el desamparo vital de Rubén Darío en el VI.

II

FRANCISCA es la alborada,
y la aurora es azul:
el amor es inmenso
y eres pequeña tú.

Mas en tu pobre urna
cabe la eterna luz,
que es de tu alma y la mía
un diamante común.

III

¡FRANCA, cristalina,
alma sororal,
entre la neblina
de mi dolor y de mi mal!

Alma pura,
alma franca,
alma obscura,
y tan blanca...

Sé conmigo
un amigo,
sé lo que debes ser,
lo que Dios te propuso,
la ternura y el huso
con el grano de trigo
y la copa de vino,
y el arrullo sincero
y el trino,
a la hora y a tiempo.
¡A la hora del alba y de la tarde,
del despertar y del soñar y el beso!

Alma sororal y obscura,
con tus cantos de España,
que te juntas a mi vida
rara,

y a mi soñar difuso,
y a mi soberbia lira,
con tu rueca y tu huso,
ante mi bella mentira,
ante Verlaine y Hugo,
        ¡tú que vienes
de campos remotos y ocultos!

I V

La fuente dice: «yo te he visto soñar.»
El árbol dice: «Yo te he visto pensar.»
Y aquel ruiseñor de los mil años
repite lo del cuervo: «¡Jamás!»

V

FRANCISCA, sé süave
es tu dulce deber;
sé para mí un ave
que fuera una mujer.

Francisca, sé una flor
y mi vida perfuma,
hecha toda de amor
y de dolor y espuma.

Francisca, sé un ungüento
como mi pensamiento;
Francisca, sé una flor
cual mi sutil amor;
Francisca, sé mujer
como se debe ser...

    Saber amar y sentir
y admirar como rezar...
Y la ciencia del vivir
y la virtud de esperar.

VI

AJENA al dolo y al sentir artero,
llena de la ilusión que da la fe,
lazarillo de Dios en mi sendero,
Francisca Sánchez acompaña-mé...

En mi pensar de duelo y de martirio,
casi inconsciente me pusiste miel,
multiplicaste pétalos de lirio
y refrescaste la hoja de laurel.

Ser cuidadosa del dolor supiste
y elevarte al amor sin comprender;
enciendes luz en las horas del triste,
pones pasión donde no puede haber.

Seguramente Dios te ha conducido
para regar el árbol de mi fe.
¡Hacia la fuente de noche y de olvido,
Francisca Sánchez, acompáña-mé!...

GLOSARIO

Names of persons, places and historical, literary and mythological references

Todas las palabras señaladas en el texto con un asterisco están explicadas en este *Glosario*.

La alfabetización es la española, es decir, que la *ch* y la *ll* son *letras*, téngase esto en cuenta al buscar una palabra.

Se han usado las siguientes abreviaturas:

A. C. significa antes de Jesucristo. D. C. significa después de Jesucristo.

Las referencias mitológicas llevan una letra que indica el tipo de mitología, según la siguiente clave:

E. egipcia. *F.* Fenicia. *G.* griega. *Gm.* germánica. *R.* romana. *N.* escandinava.

Alberto el Grande (1193-1280) Filósofo, teólogo y alquimista bávaro. Ejerció una gran influencia en su discípulo favorito: Santo Tomás de Aquino. Fue canonizado en 1931, y se le conoce con los nombres de San Alberto Magno o San Alberto el Grande.
Alejandro (356-323 A. C.) Conocido en la historia con el nombre de Alejandro Magno, fue rey de Macedonia, conquistador de gran parte de Asia, uno de los más grandes generales de todos los tiempos.
Alençon, Ciudad de Francia, famosa por sus encajes.
Anacreonte (565-478 A. C.) Poeta griego, cantor del amor,

el vino y los placeres sensuales. La forma poética que él usaba se llama anacreóntica.

Anadiómena G. Esta palabra significa "saliendo del mar", y es uno de los nombres de Afrodita o Venus, por haber nacido de la espuma. Una de las más famosas pinturas de esta diosa es la de Sandro Botticelli (1444-1510), *Nacimiento de Venus,* que la representa saliendo del mar entre la espuma.

Andes Sistema montañoso sudamericano de más de 4,000 millas de largo, denominado la cordillera de los Andes. Pasa a través de siete países sudamericanos, y es uno de los sistemas montañosos más importantes del mundo.

Angola Colonia portuguesa situada en la región atlántica del sur de Africa. Ahora es un país independiente.

Anticristo (Biblia: 1 Juan 2, 18 y 22; 4, 3; 2 Juan 7; 2 Tesalonicenses 2, 8-12) En la religión cristiana, aquella persona perversa y diabólica que representará las fuerzas del mal, se opondrá a Jesucristo, se glorificará a sí misma, y hará perder la fe a muchos al fin del mundo; será destruida por Jesucristo en su segunda venida.

Apolo G. Uno de los más importantes dioses olímpicos, estaba relacionado, entre otras cosas, con la música y la poesía (las Musas). También fue identificado con Helios, dios del sol, y por ese motivo se le llamó Febo.

Aquilón Viento que sopla del norte.

Aranjuez Palacio español y residencia de los reyes de España.

Arauco Antigua región de Chile donde habitaban los indios araucanos, hoy es una provincia de ese país.

Argantir N. Guerrero de Islandia cuya famosa espada mitológica pasaba por herencia del padre al primogénito.

Athos Uno de los protagonistas de la novela *Los tres mosqueteros,* de Alejandro Dumas, padre (1803-1870). Era un hombre muy fuerte, de extraordinaria constitución física.

Arcángel de Florencia Es una perífrasis de Dante Alighieri

(1263-1321) porque nació en la ciudad italiana de Florencia.

Atlántida G. Isla o continente legendario situado en el océano Atlántico, que se dice que existió en la prehistoria y que desapareció hundiéndose en dicho océano, arrastrando la civilización que allí florecía.

Augías G. Rey que tenía unos establos con tres mil bueyes. Una de las hazañas de Hércules fue limpiarlos en un día, lo cual realizó cambiando el curso de dos ríos, haciéndolos pasar por los establos.

Ayesha Véase Haggard, Henry Rider.

Babilonia Capital de la antigua Caldea, famosa por sus riquezas y su refinamiento.

Baco R. G. Dios del vino, Identificado con el dios griego Dioniso. Ambos, los griegos y los romanos, usaron el nombre de Baco.

Bajísimo. Referencia al diablo.

Banville, Théodore Faullain de (1823-1891) Notable escritor francés.

Bayamo Ciudad situada al sureste de Cuba, fundada en 1513. Fue un centro de actividades revolucionarias durante las guerras de los cubanos por su independencia. El himno nacional cubano, compuesto por el bayames Pedro (Perucho) Figueredo, fue cantado por primera vez en aquella ciudad, a poco de estallar la Guerra de los Diez Años, y se llama Himno Bayamés.

Belén (Bethlehem) Lugar donde nació Jesucristo, en Palestina, al sur de Jerusalén.

Beatrice Beatrice Portinari (1266-1290) mujer florentina inmortalizada por Dante Alighieri (1263-1321) en su Divina Comedia.

Beatriz Véase Beatrice.

Becerro Alusión al becerro de oro hecho por Aarón que representaba la imagen del Señor (Exodo, 32, 1-6.)

Bella durmiente del Bosque Personaje de los cuentos de Charles Perrault y de los hermanos Grimm.

Bengala Región de la India y Paquistán.

Benvenuto Referencia a Benvenuto Cellini (1500-1571), famoso orfebre y escultor italiano.

Bernardetta Referencia a Marie Bernarde Soubirous (1844-1879), niña campesina francesa que en 1858 vio varias apariciones de la Virgen María en la gruta de Lourdes. Fue canonizada en 1933, y ahora se le conoce como santa Bernardeta.

Bolonia, Juan de (1524-1608) Escultor flamenco radicado en Florencia, autor de una famosa escultura que representa a Mercurio volando.

Bon vino Alusión al verso 8, Parte I, del libro de Berceo *Vida de Santo Domingo de Silos,* que dice: "bien valdrá como creo, un vaso de bon vino".

Booz (Biblia: Libro de Ruth) Segundo esposo de Ruth y bisabuelo de David. Véase *Ruth.*

Borgia Alusión a dos ilustres figuras del Renacimiento italiano, César y Lucrecia Borgia, célebres por su refinamiento y sus crímenes, aunque con respecto a Lucrecia los crímenes que se le imputan no están comprobados históricamente.

Botticelli, Sandro (1444-1510) Famoso pintor florentino.

Boucher, Francois (1703-1770). Pintor francés de escenas galantes.

Bourget, Paul (1852-1935) Renombrado ensayista, novelista y crítico francés. Colaboró en los más importantes periódicos y revistas francesas.

Buffon, George Louis Leclerc, Conde de Famoso historiador y naturalista francés (1707-1788).

Bulnes, Manuel (1799-1866) Chileno. Luchó en la revolución contra España, y llegó a ser presidente de Chile de 1841 a 1851.

Caja de Pandora G. Pandora, según la mitología griega, fue la primera mujer. Los dioses le dieron una caja que no debía abrir; ella la abrió y salieron todos los males que afligen al mundo, al cerrarla sólo quedó dentro la Esperanza.

Canaán La "tierra de promisión" de los patriarcas, situada entre el río Jordán y el mar Mediterráneo, conquistada por los israelitas bajo el mando de Josué.

Capua Ciudad italiana.

(La) Cartuja Monasterio en Valldemosa en la isla de Mallorca, que Darío visitó varias veces. La orden cartuja fue fundada por San Bruno en 1806, y es muy austera. Los monges cartujos, al encontrarse, se dicen la frase *morir tenemos.*

Castalia G. Alusión a la fuente Castalia, al pie del monte Parnaso, dedicada a las Musas; surgió de la ninfa Castalia, convertida en fuente de aguas inspiradoras

Castelariano Véase *Niágara castelariano.*

Caupolicán Indio araucano que fue elegido jefe de los aborígenes de su raza que estaban en guerra con los españoles durante la conquista de Chile. Obtuvo la jefatura por llevar sobre el hombro un grueso tronco de árbol durante más tiempo que los otros aspirantes. Sus hazañas y su muerte fueron relatadas por Alonso de Ercilla en el poema épico *La Araucana.*

Cavalca, Fra Doménico (1270-1342) Escritor italiano en cuya obra *Vita dei Santi Patri* se habla de una tierra que es blanca por un lado y de color de rosa por el otro.

Cayo Hueso En inglés es Key West, la pequeña isla situada al sur de la Florida, Estados Unidos, a unas 150 millas de Miami. Los primeros marineros españoles que llegaron al cayo le pusieron Cayo Hueso (Bone Key) por haber encontrado allí algunos huesos humanos.

Celestinos El juego de palabras: "a los ciertos Celestinos", puede referirse a Celestino V, quien en 1294 fue Papa durante cinco meses, y se caracterizó por su indecisión, hasta que abdicó.

Cenicienta (Cinderella) Heroína de un cuento popular cuyos antecedentes se remontan a China en el siglo IX. Charles Perrault y los hermanos Grimm incluyeron dicho cuento en sus famosas colecciones.

Centauros G. Criaturas fabulosas con cuerpo de caballo, y cabeza, tronco y brazos de hombre.

Cervantes, Miguel de (1547-1616) Genial español autor de la famosísima novela *Don Quijote de la Mancha.*

Céspedes, Carlos Manuel de (1819-1874) Patriota cubano llamado el Padre de la Patria porque el 10 de octubre de 1868 inició la Guerra de los Diez Años, proclamando la independencia de Cuba. Fue presidente de la República en armas. Fue matado en Oriente, Cuba. Véase Martínez Campo, Arsenio.

Cintia G. Nombre dado a Artemisa (R. Diana) por haber nacido cerca del Monte Cintio, en la isla de Delos; por razón del último nombre también se le llama Delia.

Cipria, Cipris, Ciprina G. Variantes diversas del nombre con que se honraba a Afrodita (R. Venus), diosa del amor y la belleza, por haber sido llevada a la isla de Chipre por Céfiro.

Cisne wagneriano Referencia al cisne que tiraba de la barca en la que llegó Lohengrín al Rin, en la ópera Lohengrín, compuesta por Richard Wagner.

Citeres G. Nombre dado a Afrodita, diosa del amor y la belleza (R. Venus), porque creían que había nacido cerca de la isla de Citeres.

Clavileño Caballo de madera sobre el cual creyó Don Quijote haber volado *(El ingenioso hidalgo don Quijote de la Mancha,* II, Cap. XLI).

Cleopatra (69 - 30 A. C.) Famosísima reina de Egipto, una de las grandes heroínas de todos los tiempos.

Colón, Cristóbal (1451-1506) El descubridor de América. El gran navegante que al frente de una flotilla española compuesta de las carabelas nombradas Santa María, Pinta y Niña descubrió la América en 1492.

Congreso Panamericano (1889-1890) El Primer Congreso Panamericano celebrado en Washington en el invierno de 1889-1890, un acontecimiento de resonancia continental y europea. José Martí siguió con máxima atención y profundo interés las deliberaciones del congreso, e informó e hizo advertencias continentales en sus copiosas correspondencias publicadas en *La Nación,* de Buenos Aires.

Corot, Jean Baptiste Camille (1796-1875) Renombrado paisajista francés.

Creso (murió c. 547 A. C.) Rey de Lidia, tenía fama de ser riquísimo; por eso es el símbolo de una persona extremadamente rica. Ciro el Grande lo derrotó y lo destruyó.

Crookes, Sir William (1832-1919) Ilustre químico y físico inglés, inventor del tubo Crookes. Véase Tubo Crookes.

Cupido R. Dios del amor.

Champaña Provincia francesa, famosa por sus vinos, que llevan el nombre de su región de origen.

Chardin, Jean Baptiste (1699-1779) Uno de los mejores pintores franceses del siglo XVIII.

Chinerías Cosas de China, o trabajos decorativos y artísticos semejantes a los de China, o hechos bajo la influencia del arte chino.

Chopin, Frederic Francois (1810-1849) Gran compositor polaco de música para piano.

Dalila (Biblia: Jueces XVI, 4-20) Mujer que traicionó a Sansón, cortándole los cabellos y entregándolo a los filisteos (véase Sansón).

Debayle, Margarita Hija de Luis H. Debayle, médico francés que vivía en Nicaragua. Darío escribió este poema en el libro de poesías de ella.

Decamerón Alusión al Decamerone (el Decamerón), famosa colección de cien cuentos escritos en el siglo XIV por el poeta y prosista italiano Giovanni Boccaccio.

Delacroix, Ferdinand Victor Eugene (1798-1863) Pintor francés de la escuela romántica.

Demeter G. Diosa de la agricultura y la fertilidad (R. Ceres).

Díaz Mirón, Salvador (1853-1928) Poeta mexicano modernista.

Diana R. Diosa de la caza, el campo y la castidad (G. Artemisa). En la mitología romana Diana es también la diosa de la luna y la luz, en ese sentido la nombra Darío en "Poema del otoño". Véase *Endimión*.

Dionisio G. Dios del vino *(R. Baco)*.

Domenico Cavalca Véase Cavalca, Fra Doménico.

Don Gil, Don Juan, Don Lope, Don Carlos, Don Rodrigo Alusión a los nombres de españoles que se distinguieron por sus hechos heroicos.

Don Juan Protagonista de los dramas *El burlador de Sevilla y convidado de piedra*, de Tirso de Molina, y *Don Juan Tenorio*, de José de Zorrilla; por alusión, hombre que enamora a muchas mujeres. Rubén Darío aplica dicho calificativo al tigre de Bengala en su poema "Estival".

Don Quijote El protagonista de la famosísima novela *El ingenioso hidalgo don Quijote de la Mancha*, escrita por Miguel de Cervantes (1547-1616).

Dorado El Dorado, región legendaria de Sur América. Se la situaba en el pueblo de los Chibchás, en lo que hoy es Colombia.

Durtal Un personaje de la novela *A rebours*, escrita por Huysmans.

Ecbatana antigua ciudad de Persia.

Eclesiastés Uno de los libros que forman la Biblia, atribuido a Salomón. La "imprecación formidable" a que alude Rubén Darío se halla en el capítulo 1, versículo 2, "vanidad de vanidades y todo es vanidad", y después de ser desarrollada extensamente a lo largo del libro, se repite al final (12,8).

Ego sum lux et veritas et vita Yo soy la luz, la verdad y la vida (San Juan 9,5; 14,6).

Eheu Significa "ah", y es una reminiscencia de la oda XIV del Libro II del poeta latino Horacio (Quinto Horacio Flaco, 65 - 8 A. C.) que comienza precisamente con esa palabra: "Eheu, fugaces. . . /Labuntur anni. . ." "Ah, fugitivos. . . los años se deslizan. . ."

Electra Hija de Agamenón y de Clitemnestra. Su padre fue asesinado por su madre, Clitemnestra, y el amante de ésta, Egisto. Ella y su hermano Orestes lo vengaron matando a los amantes criminales. El tema de Electra inspiró a tres grandes trágicos griegos: Sófocles, Eurípides y Esquilo.

236

Elsa Protagonista de una leyenda medieval alemana en la cual el héroe es Lohengrín, que sirvió de base a Richard Wagner para su ópera Lohengrín.

Ella La muerte.

Endimión G. Pastor famoso por su hermosura, amado por la Luna o Selene (en la mitología romana, Diana, la diosa virgen), quien logró hacerlo dormir eternamente para visitarlo todas las noches en el Monte Latmus y besarlo mientras dormía. Esta leyenda sirvió de base a John Keats (1796-1821) para su poema griego romántico "Endymion".

Erimanto G. En la montaña de Erimanto vivía un terrible jabalí salvaje, que Hércules capturó vivo como parte de los doce grandes trabajos que tuvo que hacer.

Eros G. Dios del amor (R. Cupido).

Esfinge E. Imagen situada por los egipcios a la entrada de sus templos, representa la fertilidad y la productividad, y tenía cabeza de mujer y cuerpo de leona.
G. Criatura fabulosa enviada para castigar a la ciudad de Tebas; tenía partes de mujer, de pájaro y de leona. La Esfinge le preguntaba un enigma a los que transitaban por el camino de Tebas, y mataba a los que no respondían bien. Edipo resolvió el enigma y la venció.

Esperanza (Véase *Caja de Pandora*).

Estela Darío se refiere a Rafaela Contreras, su primera esposa. En el poema "El poeta pregunta por Stella" (véase en este libro en la sección de *Prosas Profanas*) alude a ella con ese seudónimo.

Estrada Palma, Tomás (1835-1908) Patriota cubano. Participó en la Guerra de los Diez Años, en la que obtuvo el grado de general y fue capturado por los españoles. Después vivió largos años en el exilio y ayudó a la causa de la independencia de Cuba. Fue electo el primer presidente de la República de Cuba inaugurada el 20 de mayo de 1902.

Eurídice G. Esposa de Orfeo; éste era un músico excelente que al tocar la lira conmovía a las fieras, los árboles y las peñas. Eurídice murió al pisar una serpiente. Orfeo bajó al otro mundo, y Plutón, encantado con su eximia música, le devolvió a Eurídice con la

237

condición de que en su regreso a este mundo no mirara hacia atrás para verla; Orfeo incumplió esta exigencia y perdió a Eurídice para siempre.

Europa G. Hija de Agenor, rey de Fenicia. Zeus, disfrazado de toro, la raptó y se la llevó a Creta.

Eva (Eve) Según el relato bíblico, la primera mujer del mundo, que tentó a Adán (Adam) con la manzana.

Exotistas Escritores de obras exóticas. Véase Loti, Pierre.

Fata Morgana Término usado para designar un fenómeno de espejismo (ilusión óptica debida a la reflexión de la luz) frecuente en el Estrecho de Mesina, Italia.

Fidias (c. 500 c. 432 A. C.) Uno de los más grandes escultores de la Grecia antigua.

Filomela G. Hija de Pandión, rey de Atenas, según la fábula mitológica fue convertida en ruiseñor. También se escribe *Filomena*.

Flandes (Flanders) Alusión a los hechos heroicos de los soldados españoles en Flandes y el resto de los Países Bajos.

Francia, Luis de. Luis XIV (1638-1715) rey de Francia, llamado el Rey Sol.

Francia País de Europa (France).

Friné Célebre cortesana griega del siglo IV A. C. de quien se dice que sirvió de modelo al gran escultor griego Praxíteles para su estatua *Afrodita de Cnidus.* Acusada de impiedad, su defensor logró su absolución exhibiéndola desnuda ante sus jueces.

Fuente de Jonia Alusión a la poesía griega, porque Homero, el más antiguo y célebre de los poetas griegos nació en Jonia.

Galatea gongorina Referencia a la ninfa Galatea del poema de Luis de Góngora (1561-1627) "Fábula de Polifemo y Galatea".

Gales, príncipe de Título del príncipe heredero del trono de Inglaterra.

Garcilaso de la Vega (1503-1536) poeta español renacentista, muy admirado.

Gautier, Judith (1846-1917) Autora francesa que escribió novelas de lugares exóticos. Véase *Loti, Pierre*.

Gautier, Margarita Protagonista de *La dama de las camelias*, novela de Alejandro Dumas hijo (1824-1895).

Gautier, Théophile (1811-1872) Célebre literato francés, su magnífica prosa se destaca por su estilo personalísimo y admirable.

Gibelino El gibelino Orfeo es una perífrasis de Dante Alighieri, porque éste militaba en el partido gibelino italiano.

Goethe, Johann Wolfang von (1749-1832) Eximio poeta, dramaturgo, novelista y científico alemán.

Golconda Antigua ciudad de la India, famosa por sus riquezas.

Goliat (Biblia: 1 Samuel 17; 21.9; 22.10; 2 Samuel 21.19) Gigante filisteo que retó a los israelitas. El joven David aceptó el reto y lo mató con una pedrada de su honda.

Goncourt, Edmond y Jules (1822-1896) y (1830-1870) Famosos escritores franceses; escribieron la mayor parte de sus obras conjuntamente, con un notable y vigoroso estilo realista lleno de color.

Gongorina Véase *Galatea gongorina*.

Gracias R. Bellas y seductoras deidades (G. Cárites).

Grant, Ulysses S. (1822-1885) Generalísimo del ejército de la Unión durante la Guerra Civil, y decimoctavo presidente de los Estados Unidos. Rubén Darío, en su poema "A Roosevelt", hace alusión a una frase del escritor francés Victor Hugo, quien publicó varios artículos relacionados con Grant, cuando éste visitó París en 1877.

Grecia (Greece) País de Europa, cuna de la civilización occidental.

Groussac, Paul (1848-1929) Destacado prosista, crítico y poeta argentino. Nació en París, hijo de padres franceses; murió en Buenos Aires. Escribió en castellano.

Guatemoc Sobrino de Moctezuma y último emperador de los aztecas; se dice que al ser torturado para que informara el lugar donde ocultaba los tesoros del imperio exclamó "No estoy en un lecho de rosas".

Su nombre se escribe Cuauhtémoc, Guatemozín, Guatimozín y en otras variantes.

Guillermón Rubén Darío se refiere a Guillermón Moncada, patriota cubano que luchó con las armas por la independencia de Cuba.

Haggard, Henry Rider (1856-1925) Novelista inglés que se hizo célebre por sus novelas de aventuras. Ayesha es la protagonista de una novela de él del mismo nombre.

Hamlet Protagonista de la tragedia de su mismo nombre escrita por William Shakespeare (1564-1616).

Hécate G. Diosa infernal de tres cabezas y tres cuerpos, que vagaba por caminos y calles junto con las almas de los muertos y cuya llegada era anunciada por los aullidos de los perros.

Helena G. Helena de Troya, célebre por su belleza, hija de Zeus y Leda; al ser raptada por Paris se originó la guerra de Troya. (Véase Leda).

Hello, Ernest (1828-1885) Escritor místico francés.

Heine, Heinrich (1797-1856) Magnífico pensador y escritor alemán. Es uno de los más grandes poetas románticos, de influencia extraordinaria dentro y fuera de su patria.

Heinsius, Daniel (1580-1655) Humanista holandés, uno de los más famosos del Renacimiento.

Hércules R. Héroe de la mitología griega, conocido con este nombre por los romanos. Tenía fuerza extraordinaria y realizó portentosas hazañas.

Hermosillescas Alusión a José Mamerto Gómez y Hermosilla (1771-1837), literato y crítico español neoclásico, autor de un libro sobre el arte de escribir, Rubén Darío se refiere irónicamente a la retórica de este crítico.

Herodías (Biblia: San Mateo 14. 3,4; San Marcos 6. 17,18; San Lucas 3. 1) Esposa de Herodes, tetrarca de Galilea. Herodes repudió a su esposa para casarse con Herodías, sobrina de él y esposa de su medio hermano Filipo, de quien ella se divorció para casarse con

Herodes. San Juan Bautista reprendió severamente a Herodes por este casamiento. Véase Salomé.

Hic iacet frater Petrus (latín) Aquí yace el hermano Pedro.

Hipsipila Mariposa.

Hispania Nombre antiguo de la Península Ibérica.

Hojas de hierba (Leaves of Grass) libro de poemas, escrito por Walt Whitman.

H*ugo, Victor* (1802-1885) Famoso poeta, novelista y dramaturgo francés romántico.

Huysmans, Joris Karl (1848-1907) Novelista naturalista francés. Describió en algunas de sus novelas los estados del alma religiosos.

Icor Líquido o fluido que tenían los dioses, en lugar de sangre.

Inca Título dado al emperador del imperio pre-colombino que tenía su centro principal en el Cuzco, Perú, y que dominaba toda la región de los Andes desde Quito, Ecuador, hasta el río Maule, en Chile, a la llegada de Francisco Pizarro, quien conquistó dicho imperio para España.

Initium sapientiae est timor Domini (latín) El principio de la sabiduría es el temor de Dios.

Instrumento olímpico La lira.

Ismaelillo Primer libro de versos publicado por José Martí (New York, 1882). *Ismaelillo* se considera el libro con el que se abre el período del Modernismo en la vertiente de la poesía.

Izaguirre; José María Profesor y patriota cubano. Tuvo que expatriarse a consecuencia de sus actividades insurreccionales. En Guatemala ocupó el cargo de director de la Escuela Normal.

Japonerías Cosas del Japón, o trabajos decorativos y artísticos semejantes a los del Japón, o hechos bajo la influencia del arte japonés.

Jonia De estilo jónico, uno de los tres órdenes arquitectónicos clásicos.

Jonia Véase Fuente de Jonia.

Joris-Karl Véase Huysmans, Joris Karl.

Julieta Protagonista del drama *Romeo y Julieta* de William Shakespeare.

Kant, Immanuel (1724-1804) Filósofo alemán, autor de la famosa obra *Crítica de la razón pura.*

Kayam, Omar (¿1057-1123) Poeta persa, cantor del amor, el vino y los placeres sensuales. También fue un gran astrónomo y matemático, pero su fama como científico está opacada por su popularidad como autor de la obra poética titulada *Rubaiyat.* Su nombre se escribe Omar Khayyam.

Kioto Antigua capital del Japón, famosa por sus tesoros artísticos.

Kitón Prenda de vestir de lana o de hilo usada en la Grecia antigua. (En inglés se escribe "chiton").

La Nación Importante periódico de Buenos Aires, Argentina, donde José Martí publicó muchas de sus correspondencias periodísticas. Rubén Darío también publicó allí muchos de sus trabajos.

Leconte de Lisle, Charles Marie René (1818-1894) Magnífico poeta francés, fue uno de los fundadores del movimiento poético denominado parnasianismo.

Leda G. Esposa de Tíndaro, rey de Esparta; fué seducida por Zeus, quien tomó la forma de un cisne. De esos amores nacieron la bellísima Elena (véase *Helena*) y los gemelos Cástor y Pólux.

Libertad Se refiere a la Estatua de la Libertad, colosal estatua que existe en Liberty Island, a la entrada del puerto de Nueva York.

Ligeia Nombre de un cuento y de un personaje de Edgar Allan Poe.

Loba romana La leyenda de la fundación de Roma dice que Rómulo y Remo, los fundadores, fueron amamantados por una loba.

Lohengrín Héroe de una leyenda medieval alemana, según ésta, llegó en una embarcación tirada por un cisne, para rescatar a la princesa Elsa de Brabante, con quien se casó. Desapareció, llevado por el mismo cisne, cuando su esposa rompió la promesa de no preguntarle su nombre.

Loti, Pierre (1850-1923) Pseudónimo del escritor francés Louis Marie Julien Viaud. Fue el iniciador de la llamada "literatura exótica", porque sus novelas tratan de lugares y pueblos lejanos, extraños, exóticos.

Lourdes Véase Bernardetta.

Louvre Museo del Louvre, en París, Francia.

Lucifer Nombre poético del planeta Venus, a la hora de la aurora; en el crepúsculo se llama Vesper. Lucifer también es uno de los nombres con que se designa al demonio.

Luis de Francia Luis XIV (1638-1715), rey de Francia, llamado el Rey Sol.

Luz y Caballero, José de la (1800-1862) Pensador y educador cubano. Un buen número de los principales cubanos que participaron en la Guerra de los Diez Años habían sido discípulos suyos en su famoso Colegio El Salvador.

Mab Véase Reina Mab.

Madona La Virgen María. En el arte cristiano la representación de la Virgen y el Niño Jesús ha sido una gran fuente de inspiración artística.

Maintenon, Francoise d'Augbiné, Marquesa de (1635-1719), Segunda esposa de Luis XIV de Francia, llamado el Rey Sol.

Mammón F. Dios de las riquezas materiales.

Mancha Alusión a la región de Castilla la Nueva, España, donde vivía don Quijote y le sucedieron algunos de sus episodios, según la novela de Cervantes. Véase *Cervantes: Don Quijote.*

Marte R. Dios de la guerra.

Martínez Campos, Arsenio (1831-1900) General español. Sirvió en Cuba; logró terminar la Guerra de los Diez

243

Años, que los cubanos mantuvieron contra España, mediante el Pacto del Zanjón. En 1895, cuando comenzó la Guerra de Independencia, de la que José Martí fue el Apóstol, fue enviado nuevamente, y era el Gobernador general de la Isla cuando el 18 de mayo de 1895 Martí murió en el combate de Dos Ríos. Véase *Céspedes, Carlos Manuel de.*

Mecenas, Cayo Estadista romano del siglo I A. C. Fue amigo y protector de los grandes poetas de su época, Horacio, Virgilio y Propercio. Su nombre simboliza a la persona que patrocina las artes con su munificencia.

Mediodía Sur.

Melesígenes Sobrenombre de Homero (también Melesígeno), por estimarse que nació cerca del río Meles, que desemboca en el golfo de Esmirna, en el Asia Menor.

Memento homo La frase completa es: "Memento, homo, quia pulvis es et in pulverem reverteris", que significa: Recuerda, hombre, que polvo eres y en polvo te convertirás. Estas palabras se repiten todos los años en la ceremonia del Miércoles de Ceniza, dichas por el sacerdote en el momento de poner una cruz de ceniza en la frente de cada persona, y sirven para recordar el castigo de Dios (Génesis 3.19).

Mendés, Catulle (1841-1909) Poeta, novelista y dramaturgo francés.

Mercurio R. Dios del comercio.

Mercurio de Juan de Bolonia Famosa escultura que representa a Mercurio volando. Véase *Bolonia, Juan de*

Milo Véase *Venus de Milo.*

Minerva R. Diosa de la sabiduría y las actividades mentales, y protectora de las artes.

Miserere Significa "misericordia", clamar por la misericordia divina, en latín.

Moctezuma (1480-1520) Moctezuma Xocoyotzin II, conocido generalmente como Montezuma, emperador de México cuando Hernán Cortés llegó y conquistó los territorios del imperio azteca.

Moloso Rerefencia a Molosia, ciudad de Epiro, y, probablemente, a unos perros para cuidar los rebaños que procedían de allí.

Monroe, James (1758-1831) Quinto presidente de los Estados Unidos; quien enunció en su mensaje al Congreso del 2 de diciembre de 1823 la nueva política de los Estados Unidos en relación con los continentes americanos, denominada Doctrina Monroe.

Morgana Véase *Fata Morgana.*

(De) morir tenemos Véase *Cartuja.*

Mortui estis Es parte de una frase latina de la Epístola de San Pablo a los colosences (3.3), que completa y en español dice así: "porque muertos estáis ya, y vuestra vida está escondida con Cristo en Dios.

Murillo, Bartolomé Esteban (1617-1682) Gran pintor español, muchos de cuyos cuadros son de carácter religioso.

Musas G. Las nueve diosas que representaban las artes y las ciencias.

Nabucodonosor (605-562 A. C.) Rey de Babilonia y conquistador de grandes territorios. En su tiempo, Babilonia, con sus jardines colgantes, fue la más grande, rica y lujosa ciudad del mundo antiguo. R. Darío combina su nombre con el de otro gran conquistador de la antigüedad: Alejandro Magno.

Nación Véase La Nación.

Nagasaki Véase *Yokohama.*

Nankín Véase *Yokohama.*

Nasón, Publio Ovidio Véase *Ovidio.*

Nemea G. El león de Nemea era una fiera terrible que vivía en las montañas de aquel lugar. Hércules lo estranguló y usó su piel como capa. Este fue uno de los doce grandes trabajos que se vio obligado a realizar.

Nemrod (Biblia Génesis: X, 8-10) Legendario rey de Caldea presentado en la Biblia como gran cazador.

Netzahualcoyotl Rey de Texcoco, México, en la época pre-colombina (siglo XV), educador, arquitecto, filósofo y el primer poeta mexicano de quien se tienen noticias, es considerado el hombre más ilustre de su siglo en México.

Niágara castelariano Alusión a las Cataratas del Niágara (Niagara Falls) y a Emilio Castelar (1832-1899), estadista y escritor español famoso por sus extraordinarias dotes oratorias.

Nietzche, Friedrich Wilhem (1844-1900) Filósofo alemán, creador de la teoría del superhombre.

Ninive Antigua capital de Asiria, representa un esplendor y una grandeza desaparecidos.

Núñoz Véase Rodrigos.

Oarystis Palabra griega que significa coloquio de amantes.

Ohnet, Georges (1848-1918) Literato francés a quien puede considerársele el iniciador de la llamada "novela rosa"; alcanzó gran popularidad con ese género de novelas entre las clases media, burguesa y aristocrática.

Olimpo G. Montaña de Tesalia donde vivían las deidades de la mitología griega.

Omar Kayam Véase *Kayam, Omar.*

Onfalia G. Reina de Lidia, Hércules estuvo a su servicio durante tres años, obligado a hilar a sus pies como una mujer.

Orfeo G. Hijo de Apolo y Clío. Músico magistral —Apolo le enseñó a tocar la lira— con su música conmovía a los dioses, los hombres, las fieras y toda la naturaleza.

Ormus Antiguo puerto famoso por sus perlas, situado en la isla del mismo nombre, a la entrada del Golfo Pérsico.

Ovidio (43 A. C. - 16 D. C.) Celebrísimo poeta latino, autor de las *Metamorfosis,* donde se relata la transformación de Cicnos, hijo del rey de Liguria, en cisne. Su nombre completo es Publio Ovidio Nasón.

Pablo, Hilarión y Antonio ermitaños del cristianismo.

Palma, José Joaquín (1844-1911) Patriota y escritor cubano que tuvo que vivir la mayor parte de su vida en el destierro, en Honduras y Guatemala. A Rubén Darío le causaron gran impresión sus versos esmeradamente trabajados.

Pan G. Dios de la Naturaleza, especialmente los bosques, los rebaños y los pastores.

Pandora, Caja de; Caja pandórica Véase *Caja de Pandora.*

Panida G. Hijo del dios Pan.

Paracelsus, Phillippus Aureolus (1493?-1541) Médico y alquimista suizo. Su nombre verdadero era Theophrastus Bombastus von Hohenheim.

Passerat, Jean (1534-1602) Poeta y erudito francés.

Patria Periódico que fundó José Martí en Nueva York, el 14 de marzo de 1892, para que fuera el órgano del Partido Revolucionario Cubano, también fundado por él para preparar y hacer la Guerra de Independencia de Cuba.

Pegaso G. Caballo alado que surgió de la sangre de Medusa cuando Perseo le cortó la cabeza a aquélla. Se usa como símbolo de la inspiración poética.

Pekín Véase *Yokohama.*

Piérides G. Hijas de Piero, rey de Macedonia, que trataron, sin éxito de competir con las Musas; a veces se designa a las Musas mismas con este nombre.

Pilatos Alusión a los gestos cobardes de Poncio Pilatos, gobernador de Judea, que entregó a Jesucristo a sus jueces religiosos por temor de una sublevación del pueblo, a pesar de que sabía que él era inocente.

Piraneo Babélico Víctor Hugo escribió: "Asombrosas Babeles que soñó el Piraneo" ("Effrayantes Babels que revait Piranese"). Se refería a Juan Bautista Piranesi, arquitecto italiano del siglo XVIII.

Pitágoras (c. 582 - c. 507 A. C.) Célebre filósofo y matemático griego.

Platón (427?-347? A. C.) Celebérrimo filósofo griego cuya república ideal (una forma de utopía) estaba situada en la legendaria Atlántida.

Pompadour Antonieta de Poisson (1721-1764), marquesa de Pompadour, favorita del rey Luis XV de Francia.

Prerrafaelista El Prerrafaelismo fue un movimiento de pintores y poetas iniciado en Inglaterra en 1848. Los prerrafaelistas rechazaban el materialismo artístico de Inglaterra y buscaron su ideal artístico en la belleza y la simplicidad medieval, y también en la naturalidad y la inocencia de los pintores italianos anteriores a Rafael. A pesar de su ideal de simplicidad eran muy meticulosos en los detalles. El movimiento terminó antes del fin del siglo. Uno de sus principales fundadores fue Dante Gabriel Rossetti, junto con W. Holman Hunt y John Millais.

Príapo G. Hijo de Dionisio y Afrodita, Dios de la fertilidad y de la vegetación.

Pro nobis ora Del Latín *ora pro nobis,* que significa ruega por nosotros. Esta frase se repite después de cada invocación en las letanías de la Iglesia católica.

Psiquis R. o *Psique,* joven muy bella, casada con Cupido. Psique significa alma, y representa el alma humana y su relación con el amor.

Quevedo Francisco de (1580-1645) Distinguido prosista y poeta español, a veces muy satírico.

Ramayana Gran poema épico y religioso sánscrito, posiblemente compuesto en el siglo III A. C., en que se celebran las hazañas de Rama, encarnación de la deidad Vichnú.

Reina Mab El nombre Mab es probablemente una variante de Maeve, la reina de una leyenda Céltica. Ben Johnson lo usó para su hada reina en su *Althorp Entertaiment.* William Shakespeare pone el nombre de "Queen Mab" en boca de Mercutio en su tragedia *Romeo y Julieta* (acto I, escena 4), con el sentido del hada que ayuda a los hombres a tener fantasías, sueños, ilusiones.

Requiescat in pace Significa "descansa en paz", en latín, y se dice en las oraciones y oficios de difuntos.

Roble gigante La raza latina.

Rodrigos, Jaimes, Alfonsos, Núñez Alusión a los nombres de reyes y nobles cristianos españoles que se distinguieron por sus hechos heroicos.

Roentgen, Wilhelm Konrad (1843-1923) Famoso físico alemán. Fue el primero que recibió el Premio Nobel de física (1901) por su descubrimiento del rayo de onda corta llamado rayo Roentgen o rayo X.

Rolando También llamado Orlando, era sobrino de Carlomagno y uno de los doce pares de éste; murió protegiendo la retirada del ejército de Carlomagno en Roncesvalle. Es el héroe de *La Chanson de Roland*.

Romana, Loba Véase *Loba romana*.

Rouen Ciudad francesa. Juana de Arco fue quemada en Rouen en 1431.

Ruysbrock el Admirable, Jan van Ruusbroec (1293-1381), sobresaliente místico y prosista católico holandés. Fue amigo de Gerhard Groot, el místico holandés a quien algunos estudiosos atribuyen la paternidad de la célebre obra *Imitación de Cristo*, que en general, se estima que fue escrita por Thomas A. Kempis.

Ruth (Biblia: Libro de Ruth) Esposa de Booz y nuera de Noemí, símbolo del amor fiel y desinteresado. Véase *Booz*.

Saavedra Fajardo, Diego de (1584-1648) Magnífico prosista español.

Salomé (Biblia: San Mateo 14. 3,4-11; San Marcos 6.17-28) Hija de Herodías. El día del cumpleaños de Herodes ella bailó tan bien delante de éste que él le prometió concederle cualquier cosa que le pidiera. Ella, aconsejada por su madre, le pidió la cabeza de San Juan Bautista; Herodes se la entregó en una fuente y ella se la llevó a Herodías. Véase *Herodías*.

Salomón (c.972-c.932 A. C.) Rey de Israel, hijo de David, famoso por su sabiduría; a él se le atribuyen tres libros muy leídos y conocidos de la Biblia: el de los Proverbios, el Eclesiastés y el Cantar de los Cantares.

San Bruno Véase *Cartuja*.

Sandro Véase *Botticelli, Sandro*.

Sancho Sancho Panza, el escudero de don Quijote de la Mancha. Véase *Don Quijote.*

Sansón (Biblia: Jueces 13-16) Según el relato bíblico, tenía fuerza prodigiosa que radicaba en sus cabellos, que nunca habían sido cortados. Dalila lo engañó y le cortó los cabellos, y él perdió la fuerza.

Santo Tomás Discípulo de Jesús; dudó de su resurrección hasta que lo vio con sus heridas.

Zarrazín, Gabriel Literato francés nacido en 1853 que publicó estudios de historia y de crítica literaria. Publicó un trabajo sobre la vida y las obras de Walt Whitman en la *Revue de Deux Mondes.*

Satanes verlenianos Referencia a los jóvenes demonios descritos por Paul Verlaine en su poema "Crimen amoris".

Satiresas Seres fabulosos, como faunesas, símbolo de la sensualidad y el equivalente femenino de los faunos masculinos.

Schwartz, Berthold (1318?-1384?) Monje franciscano y alquimista alemán. Se creía antes que había inventado la pólvora, y que había sido el primero en construir cañones de bronce.

Segismundo Protagonista de *La vida es sueño,* drama del escritor español Pedro Calderón de la Barca (1600-1681).

Sellén, Antonio (1838-1889) Patriota y escritor cubano. Al comenzar la Guerra de los Diez Años fue reducido a prisión y deportado a España, de donde escapó y fue a los Estados Unidos. Participó en la expedición libertadora de Domingo Goicuría, y al fracasar ésta, vivió en el exilio en Nueva York y no volvió a Cuba hasta que fue independiente.

Sellén, Francisco (1836-1907) Patriota y escritor cubano. Es el traductor de Heine mencionado por Rubén Darío. Vivió largos años en el exilio en los Estados Unidos, y no regresó a Cuba hasta que se firmó la Paz del Zanjón.

Sherman, William Tecumseh (1820-1891) Distinguido general de la Guerra Civil norteamericana, algunos críticos estiman que es el más grande de los generales de dicha guerra.

Sileno G. Un sátiro, hijo de Pan; fue el maestro y amigo de Dionisio.

Silvano R. Dios de los bosques, ganados y pastores. Después se le identificó con Pan, los faunos y los sátiros.

Sioux Tribu de indios de la América del Norte.

Sirenas G. Ninfas marinas que vivían en una isla rodeada de peligrosísimas rocas, cerca de la costa de Italia. Los navegantes que oían su canto irresistiblemente encantador naufragaban y morían entre las rocas, fatalmente atraídos por ellas.

Sor María Sor significa hermana, se usa precediendo al nombre de las religiosas. El poeta se refiere a una sor imaginaria.

Stacatti Sonidos musicales cortos, distintos y repetidos, y por similitud se le aplica al taconeo de un bailarín en el tablado.

Stella Nombre empleado por Rubén Darío en su poema "El poeta pregunta por Stella", para referirse a su difunta esposa, Rafaela Contreras, cuya temprana muerte lo afectó mucho; años más tarde la recordó tristemente en ese poema.

Sum Significa "soy yo", en latín.

Tannhauser Célebre ópera compuesta por Richard Wagner (1845, versión revisada en 1861) basada en parte en la vida y la leyenda de Tannhauser, poeta lírico alemán del siglo XIII. Véase Wagner, Richard.

Tartaria Región de Asia.

Término R. Dios protector de los límites. Su busto se colocaba en los campos y jardines sobre un soporte o pedestal.

Terpandro Músico de Lesbos; la más antigua personalidad suficientemente conocida de la historia de la música griega. Floreció como músico alrededor del año 675 A. C.

Thalasa El mar. Esta palabra de origen griego sirve para formar en español "talasocracia", que significa dominio de los mares, poderío naval.

Thor Gm. y N. Dios del trueno y de la guerra

Tirsis Nombre femenino usado en la literatura pastoril o bucólica. Virgilio lo usó en su "Egloga VII".

Toledo Ciudad en la provincia del mismo nombre, en la región de Castilla la Nueva, en el centro de España, que fue famosa por su producción de acero de la mejor calidad.

Tolstoi, León (Lev Nikolayevich, en ruso) (1828-1910) Famoso novelista ruso, partidario de la vida sencilla y contrario a la resistencia violenta.

Toqui Palabra araucana que significa jefe, caudillo, líder, en la guerra.

Torre de marfil Símbolo del aislamiento de las vulgaridades del mundo.

Todo El universo.

Toro Según la mitología persa, ser que contenía los principios de la vida de los hombres, los animales y las plantas. En otras culturas asiáticas simboliza la vida y la inmortalidad.

Triptolémica G. Perteneciente o relativo a la agricultura, por referencia a Triptólemo, rey que aprendió de la diosa Ceres el arte de cultivar.

Tritón, Tritones G. Deidades marinas con cuerpo de hombre en la parte superior y de pez en la inferior; vivían en las profundidades del océano, y cuando soplaban su concha podían encrespar y hacer rugir las olas o calmarlas.

Troncos salomónicos Referencia a los magníficos pilares o columnas de cedros del Líbano de la casa del rey Salomón (Biblia: 3 Reyes, 7.16).

Tubo Crookes Es un tubo al vacío inventado por Sir William Crookes. Consiste, esencialmente, de un tubo de cristal del cual se ha extraído el aire, en cuyas paredes se han instalado dos electrodos, un cátodo y un ánodo.

Turquino El Pico Turquino es la montaña más alta de la Sierra Maestra y de Cuba, con una altura de 2005 metros.

Valparaíso La segunda ciudad más grande de Chile, fundada en 1544 por Diego de Almagro.

Venus R. Diosa de la belleza y el amor (G. Afrodita). También, el planeta de ese nombre.

Venus de Milo Una de las más célebres estatuas de Venus. Es una estatua de mármol del siglo I o II A. C. Fue encontrada en 1820, con los brazos partidos; se encuentra ahora en el Museo del Louvre, en París.

Verlaine, Paul (1844-1896) Poeta simbolista francés.

Verlenianos (Véase *Satanes verlenianos*).

Verona Alusión a los amores de Romeo y Julieta en la ciudad de Verona, situada en el norte de Italia.

Vellocino de Oro G. Piel de un carnero con el vellón de oro que fueron a conquistar los Argonautas en Cólquida.

Versalles Suntuoso palacio francés construido en el reinado de Luis XIV; fue el centro de grandes fiestas y frivolidades de la aristocracia francesa.

Vino (Véase *Bon vino*).

Virgilio (70-19 A. C.) Celebérrimo poeta latino, autor de la *Eneida*, las *Geórgicas* y las *Bucólicas*. Su nombre completo es Publio Virgilio Marón.

Vitraux (francés) Cristal emplomado.

Wagner, Richard (1813-1883) Célebre compositor alemán.

Wagneriano, El Cisne (Véase *Cisne wagneriano*).

Watteau, Jean Antoine (1684-1721) Pintor francés, fue exponente máximo del rococó y precursor del impresionismo del siglo XIX.

Whitman, Walt (1819-1892) Famoso poeta estadounidense.

Yokohama, Nagasaki, Kioto, Nankin, Pekín Las tres primeras son ciudades japonesas, las dos últimas son ciudades chinas.

Zambrana, Antonio (1846-1922) Patriota cubano. Participó en la Guerra de los Diez Años, se destacó como orador en la Asamblea Constituyente de Guáimaro, que aprobó la Constitución que sirvió de base jurídica a la República en armas. Después de su labor como constituyente y legislador en dicha Guerra, fue enviado al extranjero en misión de propaganda patriótica.

Zingua (1582-1663) Reina de Angola. Luchó contra los portugueses hasta que se convirtió al cristianismo. Su nombre también se escribe Nzinga o Ginga.

VOCABULARIO

(Spanish-English)

This vocabulary is the result of the experience of the author while teaching Rubén Darío's prose and poetry. Most of the following words are the ones that the majority of his students noted as being difficult and having to be looked up in the dictionary. More than one possible rendition of a word is given when the form occurs more than once, or there may be several ways to translate the idea, or when the metaphorical or figurative sense may me better understood knowing the real meaning of the word, or its different renditions.

The following types of words have been omitted, since they should be familiar to the intermediate or advanced students. Definitive and indefinitive articles. Subject pronouns. Direct and indirect object pronouns. Demonstrative and possessive pronouns and adjectives. Adverbs in *mente*. Verbal forms other than infinitive, except some uncommon irregular forms and regular and irregular past participles with special meanings when used as adjectives. Cognates which can be easily recognized.

The following should be remembered:

1.— Nouns ending in *o* are masculine, and nouns ending in *a*, *dad*, *ión*, *tad*, *tud*, and *umbre* are femenine; the gender of these words has not been indicated, unless noted to the contrary.

2.— Adjectives are given in the masculine and femenine forms.

3.— Radical changing verbs are given thus: Class I: *contar* (ue), *cerrar* (ie), *perder* (ie), *mover* (ue); Class II: *sentir* (ie, i), *morir* (ue, u); Class III: *pedir* (i).

4.— *ch* and *ll* are letters In Spanish, these should be remembered when looking up a word in this vocabulary.

5.— Idiomatic expressions are placed under the important word of the phrase.

The following abbreviation have been used:

adj.	adjective
aug.	augmentative
dim.	diminutive
ecc.	ecclesiastical
f.	femenine
fig.	figurative
lit.	literature
m.	masculine
n.	noun
paint.	painting
pl.	plural
poet.	poetic
p. p.	past participle
pret.	preterit
sup.	superlative.

Names of persons, places, and historical, literary and mythological references are explained in the *Glosario* (these words are marked with an asterik).

VOCABULARIO

Abad m.	Abbot
Abadesa	Abbess
Abanico	Fan
Abate m.	Abbé
Abeja	Bee
Abejeo	Activity
Abismo	Abyss, depth
Abominable	Abominable, detestable
Abominar	Abhor, detest

Abordar	To undertake, to take up (a matter, problem, etc.)
Aborrecer	To hate, to abhor
Aborrecimiento	Hatred, hate, abhorrence
Abrazar	To hug, embrace
Abrazo	Embrace, hug
Abrigar	To shelter, to cover
Abril	April
Abrumar	To overwhelm; —— *se* to become foggy
Acabar	To finish, conclude
Acaecer	To happen
Acanto	Acanthus
Acariciador-a.	One who fondles and caresses
Acción	Action
Aceite	Oil
Aceitoso	Oily; fig. silky
Acerado	Gray, steel like
Acero	Steel
Acercar	To approach, draw near; bring near; —— *se* to approach, draw near
Acérrimo	Very strong, staunch, vigorous
Acezar	To pant
Acogida	Welcome; acceptance
Acompañar	To accompany
Acompasado-a.	Rhythmic, regular, measured
Acorde m.	Chord
Acordeón m.	Accordion
Acritud	Bitterness
Activar	To activate, energize
Acuarela	Painting in water colors
Acullá	Yonder
Adarga	Shield
Adiestrar	To train
Adolescencia	Adolescence
Adolescente	Adolescent
Admirar	To admire
Adonde	Where
¿Adónde?	Where?
Adorar	To adore, worship
Adular	To flatter

Adulador-a., Adulón-a.	Flatterer
Adusto-a.	Austere, stern, sullen
Advenedizo-a.	Upstart, newly-arrived; foreign
Advenimiento	Advent, coming
Adverso-a.	Adverse, contrary
Advertir (ie, e)	To notice
Afianzarse	To clamp
Aficionado-a.	Amateur
Áfono-a.	Aphonic, voiceless
Afuera	Outside
Ágata	Agate
Agitado-a.	Excited
Agobiado-a.	Bended, weighted down
Agolpar	To crowd; to throng; —— *se* to crowd
Agonía	Agony
Agostarse	Wither
Agraviar	To wrong, offend
Agreste	Wild
Agrícola	Agricultural
Agrupados-as.	Assembled
Aguafuerte	Etching
Aguardar	To wait; to expect
Aguerrido-a.	Warlike, inured to war
Aguila	Eagle
Aguzar	To sharpen
Ahíto	Satiated
Ahorcar	To hang; —— *se* to hang oneself
Ahora	Now
Ahorrar	To save; to spare
Ahorro	Saving
Ajenjo	Absinth
Ajeno-a.	Another's; alien, foreign
Ala	Wing
Alabanza	Praise; eulogy
Alabarda	Halberd
Alabastro	Alabaster
Alado	Winged, fig. swift
Alameda	Public walk with poplar trees, or other trees, poplar grove
Álamo	Poplar

Alba	Dawn
Albo	White
Albísimo	Sup. of *albo*, very white
Alborotar	To disturb, agitate
Alboratado-a.	Disturbed, agitated
Albura	Whiteness
Alcázar	Fortress, citadel; royal palace
Alcoba	Alcove, bedroom
Alejandrino	Alexandrine verse
Alentar (ie)	To inspire; encourage, cheer up
Aleta	Fin
Aletear	To flutter
Aleteo	Fluttering, flapping
Aleve	Treacherous
Alfombra	Carpet
Algarabia	Gibberish; jargon, gabble
Alienista	Alienist
Aliento	Breath
Alimaña	Animal
Alimento	Food
Alistar	To get ready; —— *se* to get ready
Alma	Soul; strengh
Almacén	Warehouse; store
Almanaque	Almanac
Almibarado	Honeyed, sweet
Almohada	Pillow
Alondra	Lark
Altanero-a.	Haughty, arrogant
Altivo-a.	Haughty, proud
Alto-a.	Tall; high; eminent; upper; elevated
Altura	Height
Alusivo-a.	Alusive, hinting at
Alumbrado-a.	Lit, lighted
Alzar	To raise; —— *se* to raise oneself; to rise up; to rise, revolt
Alzar el vuelo	To fly away
Amable	Kind, amiable
Amansar	To tame; pacify
Amante m. & f.	Lover; adj. loving
Amar	To love
Amarfilado-a.	Ivory

Amargar	To embitter
Amargo-a.	Bitter
Amargura	Bitterness
Amarillento-a.	Yellowish
Amarrar	To tie
Amasar	To mould
Ambiente m.	Enviroment; adj. prevailing
Ámbito	Space
Ambos	Both
Americano-a.	American
Amigo-a.	Friend
Amo	Master; owner
Amodorrado-a.	Drowsy
Amonestar	To admonish
Amontonar	To heap up, pile up
Amontonado-a.	Piled up
Amor m.	Love
Anacreóntico-a.	Anacreontic
Anapesto	Anapaest, a Latin verse
Anciano-a.	Old, aged
Ancho-a.	Broad, large
Andar	To walk
Anduvo	Pret. (irregular) of *andar*
Andariego-a.	Restless, of a roving disposition
Ánfora	Amphora, ancient vase
Angora	Angora cat
Anguloso-a.	Angular
Anhelar	To crave, to long for
Anhelo	Eagerness; yearning, longing; deep desire
Anidar	To nest; fig. to dwell
Animado-a.	Animate
Animalucho	Ugly brute
Animoso-a.	Brave; spirited
Ansia	Longing, strong wish, urge
Ansiado-a.	Longed for, yearned for
Ansiar	To long for, to yearn for
Ansioso-a.	Anxious, eager
Antagonismo	Antagonism
Antaño	Long ago
Anteojos	Spectacles

Antífona	Anthiphony, an anthem
Antigüedad	Antiquity, oldness
Antiguo-a.	Old, ancient
Antojo	Whim, caprice
Anunciar	Foretell, proclaim
Anzuelo	Fishhook
Añadidura	Addition; *por* —— in addition to
Añagaza	Decoy; trap
Añejo	Old
Antorcha	Torch
Apacible	Peaceful
Apagar	To put out, extinguish
Aparato	Apparatus; machine
Aparecer	To appear
Aparejados-as.	In pairs
Apartar	To separate
Aparte	Apart, aside
Apedrear	To stone
Apelotonar	To form into balls, curl up
Apenas	Hardly, scarcely
Aplastar	To flatten; to crush
Aplauso	Plaudit; —— *s* applause
Aplicar	To apply
Apogeo	Apogee; culmination, apex
Apolíneo-a.	Pertaining to Apollo
Aprecio	Esteem
Apretar	To tight, compress, squeeze
Apretado-a.	Tight
Apretón	Sudden pressure, squeeze; —— *de manos,* hand shake
Aprisionar	To imprison
Apuntar	To aim
Áptero	Apterous
Araña	Spider; chandelier; *con hilos de* —— with threads of a spider's web; fig. very fine thread
Árbol	Tree
Arboleda	Grove
Arbusto	Shrub
Arcano	Secret; mystery
Arco	Bow; arch; —— *Triunfal,* triunphal arch

263

Arder	To burn; to glow; to blaze
Ardiente	Ardent, burning; passionate
Ardoroso-a.	Zealous; enthusiastic
Argentino-a.	Silvery; argentinian
Arma	Arm, weapon
Armado-a.	Armed
Armazón	Framework, skeleton
Armiño	Ermine
Armonía	Harmony
Armonizar	To harmonize
Arnés	Harness
Arpa	Harp
Arrancar	To uproot; to pull out; to start up, to tear off or from
Arrastrar	To drag; to attract; to win over, carry
Arrebatador-a.	Fig. ravishing, captivating
Arremangar	To tuck up, turn up, roll up (the sleeves, trousers, etc.)
Arremangado-a.	Turned up, rolled up (trousers, sleeves, etc.)
Arrobo	Rapture, ecstasy
Arrojar	To emit
Arroyo	Brook, small stream
Arrozal	Rice field
Arruga	Wrinkle
Arrugado-a.	Wrinkled
Arrugar	To wrinkle; —— *el ceño* to frown; —— *la frente* to frown
Arrullar	To lull, to coo
Arrullo	Lullaby, cooing
Artículo	Article
Arzobispo	Archbishop
Asa	Handle
Ascender	To ascend, go up
Ascensor	Elevator
Asesinar	To murder
Así	So, in this way
Asir	To grasp or seize with the hand
Asno	Ass, donkey
Asomarse	To show, stick out

Asomado-a.	Became visible
Asombrado-a.	Astonished
Asombro	Astonishment
Áspero	Rough, uneven, harsh
Astilla	Chip; splint; *hacerse* —— s to be broken to pieces; to be destroyed; to be broken up
Astillar	To splinter
Astro	Star, heavenly body
Asustado-a.	Frightened
Atarazar	To bite or wound with the teeth; fig. to attack
Atarear	To assign a task to, give a job to; —— *se* to be very busy
Aterido-a.	Stiff, numb with cold
Atraer	To attract
Atrayente	Attractive
Atrevido-a.	Daring, bold
Atronar	To make a great noise, to deafen; to stun
Atropellado-a.	Hasty
Audacia	Boldness
Augurar	To predict
Augusto-a.	Venerable, majestic, august
Áulico-a.	Aulic, courtly
Aullar	To howl
Aumentar	To increase
Áureo-a.	Golden, Gilt
Aurora	Dawn
Autor-a.	Author, writer
Autorizar	To authorize
Ave	Bird
Avecilla	Dim. of *ave*, small bird
Avecita	Dim. of *ave*, small bird
Avenir	To happen
Avergonzado-a.	Ashamed
Averiguación	Inquiry
Avispa	Wasp
Ayer	Yesterday
Ayuda	Help, aid
Azahar m.	Orange or lemon blossom

Azalea	(Name of a kind of plant)
Azotar	To beat
Azor	Hawk
Azucena	White lily
Azulejo-a.	Bluish
Azur	Azure, blue
Azuzar	To egg on; to incite

—o—

Bacante f.	Bacchante, bacchant
Badajo	Clapper of a bell
Bajorrelieve m.	Bas-relief
Balancear	To swing, sway
Balazo	Shot
Balde	Pail bucket; *en* —— In vain; *de* —— free of charge
Baldón m.	Affront. insult
Banda	Sash, band
Bandera	Flag
Baño	Cover, coating
Baobad m.	Baobab (African tree)
Barba.	Beard
Bárbaro-a.	Barbarian; adj. barbarous
Barbero	Barber
Barbudo-a.	Bearded
Barón m.	Baron, leader
Barra	Rod
Barranco-a.	Ravine
Barrica	Cask, keg
Barrigón	Potbelly, big belly; fig. *el* —— *the* large one
Barrote m.	Heavy bar
Basta	Enough; halt, stop
Basto-a.	Coarse
Bata	Gown
Batir palmas	To applaud
Batracio	Batrachian
Basura	Rubbish; garbage
Bautizar	To baptize, to christen
Beato-a.	Devout; overpious

Bebé m.	Baby
Bebedor-a.	Drinker
Befa	Scoff, jeer
Befar	To scoff, jeer at, mock, to ridicule
Bello-a.	Beautiful; handsome
Bellota	Acorn
Bendecido-a.	Blessed
Benemérito-a.	Worthy
Beodo-a.	Drunk, drunken
Beso	Kiss
Biblia	Bible
Bíblico-a.	Biblical
Bicéfalo-a.	Having two heads
Bicorne	Having two horns
Bien m.	Good, goodness
Bien	Well; right; very
Bienaventurado-a.	Blessed
Bibloteca	Library
Biombo	Folding screen
Bisonte m.	Bison
Bizarria	Galantry; show
Blanco-a.	White
Blancura	Whiteness
Blandilocuo-a.	Soft spoken, sweet
Blandir	To brandish
Blando-a.	Bland, smooth; soft
Blandura	Gentleness; softness
Blasfemia	Blasphemy
Bloque	Block of stone
Boca	Mouth
Bochorno	Soultry weather
Bofe m.	Lung; *echar el* —— to trow oneself into a job, to work very hard
Boga	Row; *¡boga!* you, row!
Bolsa	Stock exchange, stock market
Bondadoso-a.	Kindly, good
Borbotón	*A* —— *es* impetuously, tumultuosly
Boscaje m.	Cluster of trees, grove
Bosque	Forest, woods
Boticario	Druggist, apothecary
Bóveda	Arch Roof

Brazo	Arm
Bracito	Dim. of *brazo*, small arm
Brea	Pitch, tar
Brecha	Breach, gap, opening
Bregar	To contend, struggle
Bribón-a.	Rascal
Bribonazo-a.	Big rascal
Brillar	To shine
Brinco	Jump
Brioso-a.	Spirited
Brindis m.	Toast
Brisa	Breeze
Bronce m.	Bronze
Broma	Joke; *estar de* —— be in joking mood
Brotar	To bud; spring, appear; germinate
Brote *m.*	Bud, sign of growth
Brujo	Sorcerer, wizard
Bruma	Mist, fog
Brumoso-a.	Foggy, mistry, hazy
Brusco	Blunt, rude, abrupt
Bucle	Ringlet, curl
Buche m.	Crop (of a bird)
Buey m.	Ox
Bufón m.	Buffoon
Buhardilla	Attic
Bulevar m.	Boulevard
Bulto	Package, bundle, bale
Bulla	Noise
Bullente	Boiling; lively, restless, noisy, clamorous, busy
Bullir	To move, to bustle; to boil; to stir
Burbujear	To bubble
Burbujeo	Bubbling
Burbuja	Bubble
Burdel m.	Brothel
Burgués-a.	Bourgeois
Buril m.	Burin, engraver's chisel
Burla	Mockery
Burlar	To mock, ridicule

—o—

Cábala	Cabal, intrigue, complot, cabala (su-persticious calculations)
Cabalgar	To ride on horseback
Caballería	Mount, steed
Caballero	Knight; gentleman
Cabecear	To nod; to shake the head; to pitch (as a boat)
Cabeceo	Nodding; pitching (of a boat)
Cabellera	Hair; long hair spread over the shoulders
Cabello	Hair
Cabeza	Head
Cabezudo- a.	Large headed
Cabra	Goat; *patas de* —— goat's legs
Cachaza	Calm; slowness
Cachorro	Cub
Cadáver m.	Corpse
Cadena	Chain
Cadencia	Cadence
Cadera	Hip
Caimán m.	Alligator
Caja de música	Hand organ
Cajón m.	Large box
Calcar	To trace
Calcedonia	Chalcedony, a precious stone
Calificar	To rate, judge
Cáliz m.	Calyx
Calor m.	Warmth, heat
Calumnia	Slander
Calzado	Footwear, shoes
Calzar	To put shoes (gloves) on
Callado-a.	Silent, quiet
Callar	To keep silent, be silent
Calle f.	Street
Callejuela	Dim. of *calle*, small, narrow street
Cámara	Camera
Cambiar	To change
Cambio	*En* —— on the other hand
Camelia	Camelia
Camino	Road
Campanilla	Bell-flower

269

Campánula	Bell-flower
Campeón-a.	Champion
Campesino-a.	Peasant
Campestre	Rural, rustic
Campiña	Field, meadow, countryside
Campo	Field; (also fig. in heraldry)
Canallocracia	A word coined by Rubén Darío from *canalla* (rabble) plus the Greek suffix *cracia* (government) meaning government by the rabble, mobocracy
Canario	Canary
Candelabro	Candlestick
Candente	White-hot (iron); burning; warm, intense
Canilla	Shin-bone
Canoa	Canoe
Cansado-a.	Tired
Cantar	To sing
Cantera	Quarry
Cántico	Canticle; song
Canto	Song
Cantor-a.	Singer
Cañada	Gully
Capitel m.	Capital of a column or pillar (architecture)
Capote	Cape
Capricho	Whim, fancy, caprice
Caprichoso-a.	Capricious, whimsical
Capripede	With goat's legs
Capullo	Flowerbud
Caracol	Snail; conch shell
Carácter m.	Character
Carbón m.	Coal; al ——— charcoal drawing
Carbunclo	Carbuncle, name used for ruby
Carcajada	Loud laughter; guffaw
Cárcel f.	Jail
Cardo	Thistle
Carga	Load
Cargar	To load
Caricia	Caress
Caridad	Charity

270

Cariño	Affection, love
Cariñoso-a.	Affectionate, loving
Carnación	Natural color of the human body
Carnada	Bait
Carne f.	Flesh
Carnicero-a.	Bloodthirsty; carnivorous
Carnicería	Carnage, slaughter
Carretera	Road
Carretón	Cart
Carrizal m.	Land full of reed-grass
Carro	Car
Carroza	State coach
Carruaje m.	Vehicle, carriage
Carta	Letter
Casaca	Dress coat
Cascada	Waterfall, cascade
Casco	Helmet; hoof
Casta	Race, clan
Castidad	Chastity
Casto-a.	Chaste
Castaña	Chesnut
Cataclismo	Cataclysm
Catódico-a.	Cathodic
Cauteloso-a.	Cautious, wary
Cautivo-a.	Captive, prisoner
Cavilar	To meditate
Caza	Hunting
Cazar	To hunt
Cazador-a.	Hunter
Cegar (ie)	To blind
Ceja	Eyebrow
Celda	Cell
Celdilla	Dim. of *celda;* cell; cell in beehive
Celebrado-a.	Celebrated, renowned, noted
Celeste	Celestial; heavenly; sky-blue
Celo	Heat, rut, the appetite for generation in animals; —— s jealously
Cementerio	Cementery
Cenicienta	Cinderella
Ceniciento-a.	Ash-colored; ashen
Ceniza	Ash

Centauro	Centaur
Centenario-a.	Centenary
Centro	Center
Cenzontle	The mocking bird of México and Central America. Diferent spellings of the same word are: senzonte, censontli, censontle
Ceñido-a.	Tight, close fitting
Ceño	Frown
Cera	Wax
Cercano-a.	Near, close
Cerebro	Brain
Cereza	Cherry
Cerro	Hill; peak
Certamen m.	Debate, literary contest
Certeza	Certainty, fact
Césped m.	Grass, lawn
Cetro	Sceptre
Cicerone m.	Cicerone, guide
Ciclópeo-a.	Ciclopean
Ciego-a.	Blind
Cielo	Heaven; sky; —— *raso* ceiling
Cien, Ciento	Hundred, one hundred
Ciencia	Science; knowledge
Cierto-a.	Certain; sure; true
Cierzo	Cold, northerly wind
Cigarra	Harvest fly, cicada
Cigarrero-a.	Cigar maker (laborer)
Cima	Summit, top
Cincel	Chisel
Cincelar	To carve; to chisel
Cinegético-a.	Related to hunting
Cinta	Ribbon, tape; —— *de hierro*, Iron ribbon
Cinto	Belt
Cintura	Waist
Circundar	To surround, circle
Circunflejo	Circumflex
Cisne	Swan
Ciudad	City
Clamar	To call, to cry out

Claro-a.	Clear; obvious, evident; bright
Claridad	Clarity, clearness
Clarín	Clarion
Clava	Club, cudgel
Clásico-a.	Classic, classical
Clavar	—— *la mirada en,* —— *las pupilas en,* to fix the eyes on
Clave	Clavichord
Clavel	Carnation, pink
Clavo	Nail
Clima	Climate
Cobijar	To cover
Cobijado-a.	p. p. of *cobijar,* covered
Cobres	Brass (as in music)
Cofia	Headdress
Cojear	To limp
Cojín	Cushion
Col	Cabbage
Cola	Tail
Colarse (ue)	To sneak in
Colección	Collection
Colegiala	Schoolgirl
Coleóptero	Beetle
Colgar (ue)	To hang
Colibrí	Humming bird
Coloso	Colossus
Columbino-a.	Dovelike
Columna	Column
Collado	Height; hillock
Collar	Necklace; dog collar
Colmar	To fill up, to heap up, to fill to the brim
Colmillo	Eye tooth; tusk
Colocar	To place; arrange
Colocado-a.	p. p. of *colocar,* placed, arranged
Colorado-a.	Red, reddish
Combate m.	Combat, battle, figth
Combatir	To combat, fight
Comerciante	Trader, merchant; ——*en trapos* clothes merchant
Compás	Musical beat

Complicado-a.	Complex, complicated
Comprensión	Understanding
Comunión	Communion
Concha	Shell
Conciencia	Conscience
Concurrentes	Those present at a gathering; guests; coincident, concurrent
Concurso	Contest
Condenar	To condemn
Condenado-a.	Condemned, damned; one condemned to eternal punishment
Cóndor m.	Condor, large bird that lives in the Andean mountains, in South America
Conducir	To lead
Confiar	To trust
Confidencia	Confidence
Congoja	Sorrow, heartache, anguish
Conmover (se) (ue)	To move, stir up, affect
Conmovido-a.	p. p. of *conmover*
Conocer	To know; to be familiar with
Conque	So, so then
Conquista	Conquest
Consagrar	To consecrate; —— *se* to devote oneself to
Consciente	Conscious, aware; thinking
Consecuencia	Consecuence, outcome
Consejero-a.	Counselor, advisor
Consolador-a.	Consoling
Constante	Constant; steady; lasting
Constelar	To cover; to sprinkle
Consumir	To consume; —— *se* to wither, waste away
Consumidor-a.	Consuming; consumer
Contemplación	Contemplation
Contento-a.	Happy
Contigo	With you
Continente m.	Air, mien, bearing; (geography) continent
Convencer	To convince
Conventillo	Tenement house

Convento	Convent
Convertir (ie, i)	To convert; —— *se* to convert, change faith
Convicción	Conviction, sureness
Convidar	To invite
Copa	Goblet, wineglass; —— *de Bohemia*, Bohemian glass goblet
Copero	Cupbearer, one who serves drink at a feast
Coraza	Cuirass, armor
Corazón m.	Heart, courage
Cordero-a.	Lamb
Corintio-a.	Corinthian (architecture)
Coro	Choir; chorus; —— *de bacantes*, choir of bacchantes
Corona	Crown; —— *de laurel*, a crown of laurel
Coronado-a.	Crowned; decorated on top
Coronar	To crown
Corpiño	Bodice
Corpulento-a.	Bulky, stout
Correa	Leather strap; —— *de hierro*, iron strap
Corredor-a.	Agent, broker; —— *de la Bolsa*, stock broker
Correo	Post, mail
Correspondencia	Correspondence
Corte	Court, place where the sovereign resides; court, persons who compose the retinue of a monarch
Cortejo	Parade; *fúnebre* —— funeral procession
Cortés	Courteous, polite
Cortesano-a.	Courtier
Corteza	Peel, skin, bark
Cortina	Curtain
Cortinaje de madreselvas	Fig. set of curtains of honey suckle
Corvo	Curved
Corzo	Roe-deer, fallow-deer
Costa	Coast, shore

Costado	Side
Costar (ue)	To cost; (fig. to cost dearly)
Coyuntura	Joint
Coz	Kick; *dar coces,* to kick
Cráneo	Skull, cranium
Crear	To create
Crema	Cream-colored
Crepitar	To crackle
Crespo-a.	Curly; n, m. curl
Crepuscular	Twilight (as adj.)
Crepúsculo	Twilight
Creyente	Believer
Crin f.	Mane
Crinado-a.	Maned
Crisálida	Chrysalis
Cristal m.	Glass; crystal
Cristalino-a.	Limpid, clear, transparent
Cromático-a.	Chromatic
Crótalo	Castaned, crotalus, rattlesnake
Cruento	Bloody
Crujir	To creak, crackle
Cruzar	To cross
Cuadernillo	Small notebook
Cuadro	Painting
Cuadriga	Carriage drawn by four horses
Cuajado-a.	Full of something; curdled, coagulated
Cuando	When; *de* —— *en* —— from time to time, now and then
Cuartilla	Sheet of paper
Cuarto	Room
Cuartucho	Small and poor room (depreciatory)
Cuba	Cask, barrel; *emborracharse como una* —— to get very drunk
Cubano-a.	Cuban
Cubil	Den, lair
Cuchichear	To whisper
Cuchillo	Knife
Cucurbitáceo-a.	Cucurbitaceous
Cuello	Neck; collar
(Cuenta:) Darse ——	To realize

276

Cuerda	Rope; string; chord
Cuerno	Horn; huntsman's horn
Cuero	Leather
Cuerpo	Body
Cuervo	Crow
Cuesta	Hill, mount; *a* —— *s* on one's shoulders or back
Cuidado	Concern, worry
Cuidadoso-a.	Careful
Culpa	Fault; sin; blame
Cultura	Culture
Cumbre	Summit, top
Cumplir	To fulfill; to perform one's duty
Cúpula	Dome
Cura m.	Priest
Curiosidad	Curiosity
Custodia	Monstrance

—o—

Chafar	To flatten; to crumple
Chambelán m.	Chamberlain
Champaña m.	Champagne
Chapuzar	To bungle
Charla	Chat
Charlador-a.	Talker
Charolado-a.	Of patent leather
Chasquear	(Tongue) click; (whip) crack; (fingers) snap
Chato-a.	Flat; flat-bottoned vessel
Chico-a.	Small, little; child, boy, girl
Chicote m.	Piece of rope
Chicuelo-a.	Dim. of *chico;* little boy, little girl
Chileno-a.	Chilean
Chinerías	Chinese things; decorative work produced under the influence of chinese art.
Chispa	Spark
Chispear	To spark
Chivo	He-goat
Chocar	To bump, collide, clash, knock
Chochear	To dodder; to be in one's dotage

Chorrear	To drip, spout; to gosh, spurt
Chucheria	Triffle, trinket

—o—

Dáctilo	Dactyl, a poetic foot
Dadi voso-a.	Generous
Daga	Dagger
Dama	Lady
Danza	Dance
Danzarina	Dancer
Danzar	To dance
Dañar	Hurt, harm
Daño	Hurt, harm, injury
Dar	To give; —— *la hora,* to strike (time); —— *un salto,* to jump
Dardo	Dart
Darse cuenta	To realize
Deber	Must, ought
Débil	Weak
Décima	A spanish stanza consisting of ten lines of eight sylables
Decimonono-a.	Nineteenth
Decir	To say
Decir m.	Saying
(El) decir común	The opinion of the people
Decoro	Decorum, propriety
Dedicar	To dedicate
Delantal m.	Apron
Delante	Before, in front
Deleitar	To delight
Delfín m.	Dolphin
Delgado-a.	Thin
Delicado-a.	Delicate
Delito	Crime
Dentado-a.	Indented, toothed
Denunciar	Reveal; proclaim, announce
Derramar	To spread
Derrochar	To waste, squander
Desafío	Challenge
Desafiar	To challenge
Desahogarse	To relieve (one's mind)

278

Desalentado-a.	Discouraged
Desaliento	Discouragement, depression, dismay
Desangrar	To bleed; —— *se* lose a lot of blood
Desaparecer	To disappear
Desaparición	Disappearance
Desayunar	To breakfast; —— *se* to breakfast
Desbordante	Overflowing
Descalabro	Misfortune, calamity
Descalzo-a.	Barefoot
Descansar	To rest, relax
Descargar	To unload
Desclavar	To unnail
Descolgar	To take down, to get down, to unhook
Desconocido-a.	Unknown
Descripción	Description
Desdén	Disdain
Desdeñar	To disdain
Desdeñoso	Disdainful
Desdichado-a.	Poor devil, wretch; unhappy, unlucky; wretched
Desencajado-a.	p. p. of *desencajar,* disjointed
Deseoso-a.	Desirous, longing
Desesperado-a.	Desperate, despairer, desperado, a desperate man or woman
Desfachatez f.	Brazenness
Desfalleciente	Languishing
Desgajar	To tear off; disjoint
Desgarrar	To tear away, tear open, rip
Desgracia	Misfortune
Desgranar	Thresh; to scatter about
Deshojar	To strip the leaves or petals off; —— *se* lose its petals or leaves
Desierto	Desert
Desjarretar	To hamstring
Deslavar	To wash
Desleír	fig. to be long–winded
Deslumbrar	To dazzle
Desmayo	Faint
Desnudo-a.	Naked

Despedazar	To break, cut, tear into pieces
Despedirse (i)	To take leave, say good-bye
Despertar	To awaken; to wake up —— *se* to wake up
Después	Afterwards; then; later
Desquijarrar	To break the jaws
Destacarse	To stand out
Destartalado-a.	Tumbledown
Destierro	Exile
Desventurado-a.	Unfortunate
Desviación	Deviation
Desviar	To turn aside, shift, direct
Desvío	Deviation
Diablo	Devil
Diablillo	dim. of devil
Diadema	Diadem, tiara
Diamante m.	Diamond
Diana	Reveille
Diario-a.	Daily; m. newspaper
Dibujo	Design
Dicha	Happiness, good fortune
Dichoso-a.	Happy, fortunate, lucky
Digno	Worthy
Dignarse	To condescent
Dije m.	Trinket; medallion; treasured gem
Dilatar	To expand
Dilatado-a.	Expanded, dilated
Diluir	To dilute, water down
Diorama	Diorama
Dios	God
Disciplina	Discipline
Discípulo-a	Disciple
Discreto-a.	Discreet; tacful; wise
Discurso	Speech, lecture
Disección	Dissection
Disparar	To shoot
Disparatar	To speak nonsense
Disparatado-a.	Absurd
Dispersar	Scatter
Distraer	To amuse

Ditirambo	Dithyramb; exaggerated eulogy, much sound and little worth
Divertir (ie-i)	To amuse, entertain
Divino-a.	Divine
Divisar	To perceive
Dolor m.	Sorrow, pain
Doloroso-a.	Painful, grievous
Domar	To tame
Dominante	Dominant
Don m.	Gift
Donaire m.	Charm, liveliness
Doquiera	Wherever; anywhere
Dorar	To gild
Dorado-a.	Golden; gilded
Duda	Doubt
Duelo	Grief
Dulzaina	fig. sweet delightful moments
Dulzura	Sweetness, gentleness, mellowness
Durar	To last
Durazno	Peach tree
Duro	Hard

—o—

Ébano	Ebony
Ebrio-a.	Intoxicated, drunk
Ebúrneo-a.	Ivory-like; made of ivory
Echacorvería	Profession of a pimp or procurer
Echarse a llorar	To begin to cry
Ecuménico-a.	Ecumenic, ecumenical
Edición	Edition
Educacionista m. & f.	Educationist
Efebo	Ephebe, youth
Eficacia	Efficacy
Elástico	Elastic; flexible
Elegido-a.	Elect, chosen
Elegir (i)	To choose, elect
Elevado-a.	Elevated
Elogio	Praise, eulogy
Embalsamar	To embalm
Embarcación	Boat, ship
Embeleso	Rapture, bliss, delight

Embestir (i)	To charge (bull)
Emborrachar	To intoxicate; —— *se* to get drunk
Embriagado-a.	Intoxicated; enraptured
Embriagar	To intoxicate; fig. to inrapture; —— *se* to get drunk
Empapar	To soak; to saturate
Empedernido-a.	Inveterate
Emperador m.	Emperor
Emperatriz f.	Empress
Empireo	Empyrean, the highest heaven
Empleado-a.	Employee
Empolvar	To powder
Empujar	To push
Empuñador-a.	Grasper
Empuñadura	Hilt of a sword
Enamorado-a.	In love, enamored; lover, sweetheart
Enano-a.	Dwarfish, small, little; n. m. dwarf
Enarcado-a.	Arched
Enarcar	To arch
Encaje m.	Lace; fitting, insertion
Encantador-a.	Charming
Encanto	Charm
Encariñado-a.	Attached, fond, enamored
Encarnizado-a.	Bloody; fierce
Encender (ie)	To light; kindle; to set on fire
Encendido-a.	Lighted; on fire; glowing; inflamed; bright, high colored; ardent
Encerrar (ie)	To contain, include
Encina	Evergreen oak
Encorvado-a.	Bended, curved
Encorvar	To bend, curve
Encintado-a.	Adorned with ribbons
Endecasilabo	Hendecasyllable, applied to metrical lines of eleven syllables
Endiablado-a.	Devilish
Endulzar	To sweeten
Enemigo-a.	Enemy
Energia	Energy, force
Enfermedad	Illness, disease
Enganchar	To hook
Engañoso-a.	Deceitful

Engullir	To swallow; to gulp down
Enhiesto-a.	Straight, upright, erect
Enjambre m.	Crowd
Enjaulado-a.	Caged; fig. confined, imprisoned
Enjaular	To cage; fig. to imprison, confine
Enlazar	To tie; to connect; to link
Enmarañado-a.	Entangled
Enmarañar	To entagle; to confuse; to mix up
Enojo	Anger; annoyance
Enredadera	Creeper, climber
Enroscado-a.	Coiled; curled up; twisted up
Enrojecer	To redden; (metal) to make red-hot; —— se to blush, redden
Ensamblado-a.	Assembled
Ensamblar	To assemple; to join
Ensanchar	To widen; to enlarge
Ensangrentado-a.	Bloody, covered with blood
Ensayo	Test; trial
Enseres	—— de pesca fishing equipment
Ensueño	Illusion, dream
Entendimiento	Understandig; mind
Entierro	Funeral
Entrañas	Entrails; the internal parts of anything
Entreabierto-a.	Half opened
Entreabrir	To half open
Entrecejo	Space between the eyebrows; fig. frown
Entrecortado-a.	Intermittent
Entristecido-a.	Sad
Envidia	Envy
Envidioso-a.	Envious
Envoltorio	Bundle, package badly wrapped
Envolver (ue)	To wrap up, wrap around; envelop; enfold
Envuelto-a.	Wrapped
Eolio-a.	Eolian, pertaining to Eolo; *arpa* —— eolian harp
Épico-a.	Epic
Epidemia	Epidemic
Epifania	Epiphany

283

Epílogo	Epilogue
Epístola	Epistle
Epopeya	Epopee; epic poem
Equino-a.	Equine
Equitación	Horseback rinding
Equívoco-a.	Equivocal; dubious
Erguido-a.	Erect, straight
Erguir	To erect, set upright
Erigir	To erect, raise
Erizado-a.	Bristling
Erizar	To bristle
Errante	Errant, roving, wandering
Errar	To wander
Esbeltez f.	Gracefulness
Esbozo	Sketch, outline
Erupción	Eruption
Escala	Step ladder
Escalonar	To spread out at intervals
Escándalo	Scandal
Escama	Scale
Escaparate m.	Wardrobe, cabinet armoire; show window; glass case
Escape	A —— at full speed
Escarcha	Frost
Escarlata	Scarlet
Escaso-a.	Scarse
Esclavo-a.	Slave
Escogido-a.	Select, choice; *obra* —— *a* selected work
Escopeta	Shotgun
Escritor-a.	Writer
Escritura	Scripture
Escuchar	To listen
Escudar	To shield; —— *se* to shelter, shield or protect onseself
Escudo	Shield; coat of arms
Escultor-a.	Sculptor
Escultura	Sculture
Esfinge f.	Sphinx
Esfuerzo	Effort; endeavour
Esfumarse	To fade away, vanish

284

Esgrima	Fencing; *maestro de* —— fencing teacher
Esmalte m.	Enamel
Esmaragdina	Mineral of emerald green
Esmeralda	Emerald
Espacio	Space
Espada	Sword
Espantar	To frighten, to scare; to scare away
Espanto	Fright, terror
Espátula	Palette knife
Especloso-a.	Specious
Espejo	Mirror
Esperanza	Hope
Espeso-a.	Thick
Espiga	Ear of wheat, spike of grain
Espina	Thorn
Espinazo	Spine, backbone
Espiral f.	Spiral
Espíritu m.	Spirit, soul; *Espíritu Santo*, Holy Ghost
Esplendente	Shining, glittering, resplendet
Esplendidez f.	Splendour; liberality
Esponja	Sponge
Esponjado-a.	Spongy
Espuma	Foam
Espumaje	Foaminess
Espumear	To raise foam
Establo	Stable
Estallar	To explode, to burst
Estandarte m.	Banner
Estanque m.	Pond
Estante m.	Rack, shelf
Estela	Wake (of a ship)
Estepa	Steppe, barren plain
Estertor m.	Rattle in the throat; **death rattle**
Estilo	Style
Estirado-a.	Streched, extended
Estirpe f.	Lineage
Estolidez f.	Stupidity
Estrangular	Strangle

Estrechar	To hug; tighten, squeeze
Estrella	Star
Estremecer	To shake; to tremble; —— *se* to shudder, shake, tremble
Estremecimiento	Shaking; shudder; trembling
Estrépito	Noise, racket
Estrofa	Strophe, stanza
Estropear	To spoil; to hurt, ruin, damage; to cripple
Estruendo	Noise, din
Estrujar	To squeeze; to crumple; to crush
Estuche	Case, sheath, box
Estupendo-a.	Stupendous
Eterno-a.	Eternal
Eucologio	Euchology
Evocar	To evoke
Excelencia	Excellence
Excelso-a.	Eminent; lofty; sublime
Exhalar	To emit
Expatriarse	To expatriate oneself, to go Into exile
Explicar	To explain
Exponer	To risk; to show, exhibit
Exposición	Fair, show
Extasiar	To put into ecstasy
Éxtasis	Ecstasy
Extático-a.	Ecstatic
Extraer	To take out
Extraido-a.	Taken out
Extranjero-a.	Foreign
Extraño-a.	Strange; rare; odd

—o—

Faceta	Facet
Fachada	Facade, frontage
Faena	Task, job, duty
Faja	Belt; sash
Fajado-a.	Swathed, with a sash or belt around the waist
Falda	Skirt; slope; lap

Faldellín	Skirt; *rico* —— beautiful skirt
Falsía	Falsehood, untruth; deceit
Falso-a.	False
Falta	To be absent
Familiar	Familiar; informal
Famoso-a.	Famous, well-known
Fanfarria	Bluster, bragging, fanfare
Fantasía	Fantasy, imagination
Fantasma m.	Phantom, ghost
Farol m.	Street lamp; lantern
Fascinar	To fascinate
Fauces f.	Fauces, gullet
Fauna	Fauna, the whole of the animals belonging to a region or country
Fauno	Faun, satyr
Favorecer	To favor; to protect, to help
Favorecido-a.	Favored person
Faz f.	Face
Fe f.	Faith
Febril	Feverish
Fecundación	Fecundation, fertilization
Fecundar	To fertilize
Fecundidaσ	Fecundity, fertility
Fecundo-a.	Fertile; prolific; fruitful
Felpudo-a.	Plushy
Femenino-a.	Femenine
Fenómeno	Phenomenon
Férreo-a.	Made of iron
Fértil	Fertile, fruitful, productive
Festín	Feast; banquet
Fez m.	Turkish cap
Fiar	To entrust; —— *se de* to trust in, rely on
Fiebre	Fever
Fiel	Faithful
Fiera	Wild beast
Fiero-a.	Fierce, fiery; courageous
Fiesta	Feast, celebration, festivity
Figura	lit. figure, image; figure, shape
Fijo-a.	Fixed, steady
Filo	Edge; cutting edge

Filomena, Filomela	Nightingale
Filosofía	Philosophy
Filósofo	Philosopher
Filtro	Philter; love potion
Fin m.	End; aim; purpose; *por* —— finally, at last; *al* —— finally, at last
Fino-a.	Fine, delicate; nice, polite; thin; select
Firmamento	Sky, firmament
Firmar	To sign
Firme	Firm
Físico-a.	Physical
Flaco-a.	Lean, skinny
Flamante	Bright, shink; brand-new; *flamantisimo-a* sup. of *flamante*, very, very *flamante*
Flanco	Side, flank
Flauta	Flute
Flautista	Player of the flute
Flecha	Arrow
Flor f.	Flower
Flora	Flora, the whole of the plants of some region, district, etc.
Flor de lis	Lily; fleur-de-lis
Flordelisado-a.	Adorned with fleur de lis
Floresta	Wooded place, grove, arbor
Florestal	Pertaining to a delightfui grove, wooded field, or rural place
Florido-a.	Flowery; full of flowers
Follaje m.	Foliage
Fondo	Bottom; background; depth
Forcejear	To struggle; to strive
Forja	Smelting furnace
Forjar	To forge
Forma	Form, shape; *Sagrada* —— (ecclesiastic) Host
Fornicar	To fornicate
Fornido-a.	Robust, stout
Fosco-a.	Cross, frowning
Fortificante	Fortifying
Fortificar	To fortify

Fotografía	Photography
Fotográfico-a.	Photographic
Fracaso	Failure
Fragante	Fragant
Fragmento	Fragment; scrap, piece, bit
Fraile m.	Friar, monk
Frámea f.	Javeling, dart
Frase f.	Phrase, sentence
Fraterno-a.	Fraternal, brotherly
Frente	Forehead
Fresa	Strawberry
Fresco-a.	Fresh, cool; luscious
Frescor m.	Freshness, coolness
Frescura	Freshness; fig. youthfulness
Frío-a.	Cold
Fronda	Leafy part of plants or trees; folliage
Frondoso-a.	Leafy; luxuriant
Fruto	Fruit
Fuego	Fire
Fuelle	Bellows
Fuerte	Strong, potent
Fuerza	Force, power, strenght
Fuga	Escape, flight; fugue (musical composition)
Fugaz	Fugacious, fleeing, brief, passing
Fulgor m.	Radiance, brilliance
Fundir	To melt; to blend; to fuse
Fúnebre	Funeral
Funesto-a.	Ill-fated
Furia	Fury, rage
Furto	(Old fashioned) theft, robbery, modern is *hurto; a* —— *(hurto)* on the sly, by stealth
Futuro	Future

—o—

Gabinete m.	Boudoir
Gala	*de* —— full-dress
Galán m.	Handsome fellow; ladies' man; gallant; lover
Galgo	Greyhound

Galopa	Galop, a hungarian dance, and the music to which it is set
Gallardo-a.	Elegant, graceful; brave
Gama	Doe, gamut, the scale of musical notes; fig. whole range of colors
Ganar	To win; to get, obtain; —— *la costa*, to get ashore
Gandul m.	Vagabond; loafer, lazybones
Ganso	Goose
Garbo	Jauntiness; gracefulness; grave, elegant carriage
Garfio	Hook
Garganta	Throat
Gárgola	Gargoyle
Garra	Claw
Garza	Heron
Gasa	Guaze, chiffon
Gastar	To spend; to use; to wear
Gavota	Gavotte, a French dance
Gélido	Gelid, frigid
Gema	Gem
Gemir (i)	To moan; to wail; to cry
Género	Genre; class; type
Generoso-a.	Generous; kind
Genio	Genius
Gerifalte m.	Gyrfalcon
Gesto m.	Gesture; face, mien
Gigante m.	Giant; gigantic (adj.)
Girándula	Girandole; a branched candlestick
Giro	Turn
Glacial	Glacial, icy, very cold
Globo	Globe, sphere; balloon
Gloria	Glory
Glorieta	Gazebo; bower
Glorificar	To glorify
Glorioso-a.	Glorious
Golondrina	Swallow
Goloso-a.	Greedy, glutton
Golpe m.	Blow; beat; stroke
Goma	Rubber
Gordo-a.	Fat; thick; large, big

Gorjeo	Warble
Gorra	Cap
Gorrión	Sparrow
Gotear	To drop
Gozar	To enjoy; —— se to rejoice
Gozo	Joy, gladness
Gracia	Gracefulness; attractiveness
Grácil	Delicate
Granadero	Grenadier
Grano	Grain
Grato	Pleasing
Grave	Grave; serious
Greda	Chalk, clay
Griego-a.	Greek
Grifo	Griffin or griffon, a fabled animal
Grillo	Fetter
Gris m.	Gray
Griteria	Shouting, clamor, uproar
Grosero-a.	Rough, coarse; rude, impolite
Grueso-a.	Bulky, fat, thick, big, heavy
Grulla	Crane
Grupo	Group
Gruta	Cave, grotto
Guajiro-a.	(Cuba) peasant
Guajirilla	dim. of guajira, young peasant girl
Guante m.	Glove
Guarda m.	Guard; keeper
Guardapuercos m.	Swineherd
Guardar	To keep, retain, store
Guerra	War
Guerrero	Warrior; adj. warlike
Guijarro	Pebble
Guirnalda	Garland, wreath
Gula	Gluttony
Gustar	To like; please

—o—

Hábito	Habit, robe
Hacinamiento	Accumulation; —— humano, tenement house

Hada	Fairy
Hado	Fate
Hagiografía	Hagiography, saints' lives
Halagador-a.	Flattering
Halagar	To flatter, cajole; to coax
Halago	Flattering
Halagüeño-a.	Attractive, alluring; flattering
Halcón m.	Falcon
Hallado-a.	Found
Hambriento-a.	Hungry; starved of, longing for
Hampa	Rogue's world, underworld
Harapo	Rag, tatter
Hasta	Till, until, up to; —— *la vista,* good-bye, see you later
Hastiar	To bore; to surfeit
Hastío	Boredom
Haya f.	Beech tree
Haz m.	Bunch, bundle
Hebras	poet. hair
Hechizar	To bewitch, enchant
Hediondo-a.	Foul smelling, stinking
Helar (ie)	To congeal, freeze
Helecho	Fern
Hendido-a.	Cleft
Hercúleo-a.	Herculean
Herir (ie-i)	To wound, to hurt; to strike; to of-fend
Herido-a.	Injured; wounded
Hermana	Sister
Hermano	Brother
Hermoso-a.	Beautiful; handsome; fine, splendid
Héroe m.	Hero
Hércules	fig. very strong man (see *Hércules* in the *Glosario*)
Heroicidad	(Act of) heroism
Heroico-a.	Heroic
Herrero	Blacksmith
Hervor m.	fig. restlessness
Hidalgo	Nobleman
Hiel f.	Bile, bitterness
Hierático-a.	Hieratic, sacerdotal

Hierba	Grass
Hierro	Iron
Hijo	Son
Hilar	To spin
Hilo	Thread; —— *de araña*, thread of a spider's web; fig. very fine thhead
Himno	Hymn
Hinchar	To swell; —— *se* to swell
Hipérbaton m.	Hyperbaton, a figure of speech in in which the natural order of words and phrases is inverted
Hiperestesia	Hyperesthesia, undue sensitiveness
Hipsipila	Butterfly
Hirsuto	Hirsute, hairy
Hirviente	Boiling
Histrión	Actor, player (used only in contempt); buffoon
Hocico	Snout, muzzle
Hogar m.	Home
Hoguera	Bonfire; blaze
Hoja	Leaf; page, sheet
Holgado-a.	Loose, wide
Holgar (ue)	To rest
Hollar (ue)	To trample; tread on
Hollín m.	Soot
Hombro	Shoulder
Homérico-a.	Homeric
Honda	Sling; slingshot
Hondo-a.	Deep
Honra	Honor; reputation, good name
Honrar	To honor
Hora	Hour; time
Horca	Gallous
Horcajadas	A —— astride (with one leg on each side)
Horno	Oven, furnace
Hospitalidad	Hospitality
Hostia	Host
Hoz	Sickle
Huaso	Farmer in Chile
Huella	Trace, trail

Hueso	Bone
Huevo	Egg
Huir	To flee, escape
Humano-a.	Human
Húmedo	Humid
Humildad	Humility
Humilde	Humble; poor
Humo	Smoke
Hundir	To sink, submerge
Huracán m.	Hurricane
Husmear	To scent, smell; to pry (into)
Huyente	Fleeing

—o—

Ibis f.	Ibis, a kind of bird
Idilio	Idyll
Ignorante m.	Ignoramus; adj. ignorant, uniformed
Ignoto	Unknown
Ijar	Flank (of an animal)
Ilusión	Illusion
Ilustre	Illustrious, famous, distinguished
Ilustrísimo	Very illustrious, sup. of ilustre
Imagen f.	Image, metaphor
Imaginación	Imagination
Imbecilidad	Imbecility
Impacientar	To exasperate, make someone lose patience; —— se to get impatient
Impalpable	Impalpable; not to be perceived by the touch
Imperar	To rule, reign
Impertinente m., f.	Impertinent, importunate
Impío-a.	Impious, faithless
Implorar	To implore
Imponerse	To get one's way, assert oneself; prevail
Imprecación	Imprecation
Imprimir	To print, impress; to fix in the mind
Improviso	De —— unexpectedly, suddenly
Inacabable	Unending, everlasting
Incapaz	Incapable; unfit; unable

Incendio	Fire
Incensario	Incensory, thurible, the vessel in which incense is burnt
Incitar	To incite, prompt
Incitante	Exciting
Inclito-a.	Illustrious, renowed, distinguished
Inconmensurable	Immeasurable, vast
Increpar	To reprimand, rebuke
Incrustación	Incrustation, inlay
Indigeno-a.	Indigenous, native
Indio-a.	Indian
Indiscutible	Unquestionable, indisputable
Indolencia	Indolence
Ídolo	Idol
Indomable	Indomitable
Indominable	Indomitable
Infanta	Princess
Infeliz	Unhappy, unfortunate; poor wretch
Infierno	Hell
Infinito-a.	Infinite
Inflarse	To swell up
Infligir	Inflict
Influencia	Influence
Infundir	To imbue, instill
Ingenio	Talent; talented person
Ingenuo-a.	Ingenuous, open, candid, naive
Inglés	English (language); *inglés-a* Englishman, Englishwoman
Ingrato-a.	Ungrateful, thankless
Iniciar	To begin, start
Injuria	Insult, offense
Inmarchitable	Imperishable, undying
Inmensidad	Inmensity, vastness
Inmenso-a.	Inmense, huge, vast
Inmolar	To immolate
Inmundo-a.	Filthy, dirty; impure; nasty
Inmutarse	To change countenance
Inquieto-a.	Restless
Insensato-a.	Fool
Insomnio	Insomnia, sleeplessness
Inspiración	Inspiration

Inspirar	To inspire
Instante m.	Instant, moment
Intacto-a.	Intact
Intachable	Uncensurable, blemishless, blameless
Intelecto	Intellect
Intelectualidad	Intellectuality
Intentar	To attempt, try
Interpretar	To interpret
Intimidad	Intimacy
Inundación	Flood
Inundar	To innundate, to flood
Invasor	Invader
Invernal	Wintry
Invierno	Winter
Invocar	To invoke
Iris m.	Iris; *arco* ——— rainbow

—o—

Jabali m.	Wild boar
Japonerias	Japanese things; decorative work produced under the influence of Japanese art.
Jarabe m.	Sweet beverage; sirup
Jarcias	Rigging (ropes, chains, etc. for the masts, yards and sails of a ship)
Jarra	Vase, jar, pitcher
Jarro	Pitcher, jug
Jaspe m.	Jasper
Jaula	Cage, birdcage
Jazmin m.	Jazmine
Jefe m.	Leader, chief, head
Jerigonza	Gibberish; jargon; language difficult to understand
Jornal m.	Day's wage
Jornalero	Day laborer
Joya	Jewel
Joyero	Jeweller
Jubón m.	Doublet
Juego	Game, play

Jugar (ue)	To play
Juguete m.	Toy, plaything
Junco	Rush, reed
Justicia	Justice
Justo-a.	Just, right, fair; exact
Juventud	Youth
Juzgar	To think; to judge

—o—

Kilométrico-a.	Kilometric
Kodak	Kodak camera

—o—

Labio	Lip
Labor f.	Work, task labor
Labrado-a.	Worked; wrought
Labrar	To work; to till; to carve
Laca	Lacquer, shellac
Lágrima	Tear
Lamentar	To be sorry, regret; —— se to wail; to moan
(Lamido) modo lamido	Trite manner
Lancero	Lancer, spearman
Lancha	Boat, launch
Lanchero	Barge-man
Lánguido-a.	Languid
Lanza	Spear, lance
Lanzar	To lance; to throw; to launch; to send forth; to cast
Lápida	Gravestone
Lapislázuli m.	Lapiz-lazuli, blueish mineral
Largueza	Generosity; lenght
Lascivia	Lewdness, lustfulness
Lascivo	Lascivious, lewd
Latir	To beat, throb
Laúd m.	Lute
Laurel m.	Laurel
Lauro	Laurel; glory, honor
Lazo	Bow, knot; lasso

Leal	Loyal
Lebrel m.	Greyhound
Lecho	Bed
Legítimo-a.	Legitimate, lawful
Lego	Layman; lay brother
Lengua	Tongue
León	Lion
Levantar	To lift, raise
Leve	Slight; light
Levita	Frock coat
Ley	Law
Libélula	Dragon fly
Librar el pellejo	To get over the storm well
Libre	Free; independent
Librea	Uniform, livery
Lidia	Battle, fight, contest
Lienzo	Cotton or linen cloth; canvas
Lija	Sandpaper; fig. smooth words
Lila	Lilac flower, lilac tree
Limón	Lemon
Lindo-a.	Pretty
Línea	Line
Linfa	Lymph, water, liquid
Lino	Linen
Lira	Lyre, small harp
Lírico-a.	Lyric, lyrical
Lirio	Lily
Liróforo	Lyre-bearer
Lis	*Flor de* —— lily; fleur-de-lis
Literario-a.	Literary
Lívido-a.	Livid
Loa	Praise
Locura	Madness, insanity
Lodo	Mud
Lomo	Back of an animal
Lona	Canvas
Losa	Flagstone
Loto	Lotus, the Egiptian and Indian water-lily
Lozano	Luxuriant; fresh, brisk
Lúbrico-a.	Lewd

Luchador-a.	Fighter
Luchar	To fight, struggle
Lucero	Bright star; —— *de la mañana*, morning star
Luciferino	Luciferian, devilish
Luego	Then; later
Lugar m.	Place
Lujoso-a.	Lavish; luxurious
Lujuria	Lust, lewdness, sensuality
Lumbre f.	Fire; light
Luminoso-a.	Luminous, bright
Lunar m.	Mole
Lustroso-a.	Glossy, bright

—o—

Llama	Flame
Llamar	To call; to knock; to send forth; —— *se* to have as a name
Llanto	Crying, weeping
Llave f.	Key
Llevar	To carry, take; to wear; to have; to bear
Llorar	To cry

—o—

Macetero	Flower-pot
Macizo-a.	Massive; compact; solid
Mácula	Blemish
Machacar	To pound, to beat, to break into small pieces
Macho	Male; sledge-hammer
Madreselva	Honeysuckle
Madrigal m.	Madrigal, a poem, a light airy song
Madrina	Godmother
Maduro-a.	Ripe
Maestro-a.	Teacher, master
Magia	Magic, black art
Mágico	Magic, magical

Mago-a.	Magician, wizard; *Reyes —— s* Magi, Three Wise Men
Magro-a.	Skinny; lean; meager
Magullado-a.	Mangled, bruised
Magullar	To bruise; to mangle
Maitines pl.	Matins, early morning prayers
Majestuoso-a..	Majectic, stalely, imposing
Mal m.	Evil
Malcriado-a.	Ill-bread, unmannerly, clownish, impolite; spoiled
Maldición	Curse, malediction
Maldito-a.	Dammed, curse
Maleficio	Curse, spell
Maligno-a.	Evil
Malsano-a.	Sickly, noxious, unhealthy
Malsin m.	Talebearer, backbiter
Malvado-a.	Wicked
Mancebo	Youth, lad
Manco	Mained
Mancha	Spot, fleck, stain
Manchado-a.	Spotted
Mandarin m.	Mandarin, a Chinese magistrate
Mandarinito	dim. of *mandarin*
Mandibula	Mandible, jawbone, jaw
Manera	Way, maner
Manes m.	Manes, ghost of the dead
Manga	Sleeve
Mango	Handle
Manicomio	Insane asylum
Manigua	Thicket, jungle
Mano f.	Hand
Manojo	Handful; bunch; —— *de flechas,* bundle of arrows
Mantener	To maintain; to keep up
Manto	Cloak
Manubrio	Crank, handle
Manzana	Apple
Máquina	Machine
Mar	Sea; —— *afuera,* the high seas
Maravilla	Marvel, wonder
Marcial	Martial; military

Marchamo m.	Mark put on goods at the custom-house
Marfil m.	Ivory
Margarita	Daisy
Margen f.	Border, edge, bank; m. margin
Maridito	dim. of *marido*
Marido	Husband
Marinero	Sailor, seaman
Marino m.	Sailor, seaman
Mariposa	Butterfly
Mármol	Marble
Marmóreo-a.	Marble-like, marble, marbled, marmorean
Marta Cibelina	(Marta cibellina) mustella zibellina, (species of Siberian sable)
Martillo	Hammer
Martilleo	Hammering
Martirio	Martyrdom; fig. torture, grief
Masa	Mass; volume
Mascar	To chew
Máscara	Mask; person in mask; disguise
Mastin m.	Mastiff
Matiz m.	Shade or variety of colors; subtle distinction
Matraca	Rattle (like a child rattle)
Matutino-a.	Morning, pertaining to the morning
Maza	Mace; war club
Medalla	Medal
Media	Stocking
Medicina	Medicine
Mediocridad	Mediocrity
Medir (i)	To measure; to ponder
Meditabundo-a.	Pensive, thoughtful
Mejilla	Cheek
Melancolia	Melancholy, gloom
Melificar	fig. To make mild
Melodia	Melody
Melodioso-a.	Melodious
Melopea	Monotone song
Membrudo-a.	Husky, burly, brawny
Memoria	Homage; memory

Mendigo-a.	Beggar
Mente	Mind
Mentir (ie, i)	To lie
Mentira	Lie
Metopa	Metope (architecture)
Mezclar	To mix
Miel	Honey
Mil	Thousand
Milagroso-a.	Miraculous
Mimado-a.	Spoiled, pampered; humored
Mimar	To caress; to humor; to spoil, pamper
Mina	Mine
Minucia	Minuteness; petty detail
Minué	Minuet
Mira	Object, aim
Mirada	Expression
Mirar con el rabo del ojo	To look out of the corner of one's eye
Mirlo	Blackbird
Mirto	Myrtle
Misa	Mass
Miseria	Misery, wretchedness; poverty
Misterioso-a.	Mysterious
Místico-a.	Mystic
Mocetón m.	Tall, robust lad
Moderno-a.	Modern; present day
Modo lamido	Trite manner
Mofa	Mockery
Mojar	To wet
Momia	Mummy
Monacal	Monastic
Monstruo	Monster
Montaña	Mountain
Montaraz	Wild, untamed
Monte m.	Woodland; hill, mountain
Montero	Huntsman, hunter
Montículo	Hillock, mound
Morada	Lodging
Morder (ue)	To bite
Morir (ue, u)	To die

Mosca	Fly
Mostrar (ue)	To show; exhibit
Mover (ue)	To move; —— *se* to move
Mozo-a.	Lad; lass; adj. youth
Muchedumbre	Crowd; mass
Mudo	Dumb, speechless
Muelle m.	Soft; dock, wharf
Muerte f.	Death
Muerto-a.	p. p. of *morir* dead
Mujer perdida	Prostitute
Multitud	Multitude, crowd
Mundano-a.	Wordly
Mundo	World
Muñeca	Wrist; doll
Musa	Muse; —— *de carne,* woman
Músculo	Muscle
Músico-a.	Musician
Muslo	Thigh

—o—

Nacimiento	Birth
Nadie	Nobody, no one
Naipe m.	Playing card
Nariz f.	Nose
Nave f.	Nave (of a church); ship, vessel
Navío	Vessel, ship
Náyade f.	Naïad, water nymph
Neblina	Fog, mist
Nefelibata	Dreamer; imaginary person who walks in the clouds; poet
Negrura	Blackness
Neoyorquino-a.	New Yorker
Nervioso-a.	Nervous
Nevada	Snowfall
Nevar (ie)	Whiten; snow
Nidada	Nest
Nido	Nest
Niebla	Mist
Nimbo	Halo
Ninfa	Nymph

Nipón-a.	Nipponese, Japanese
Nocturno-a.	Nocturnal
Nodriza	Wet-nurse
Nombre m.	Name
Nos	Us; *por* —— (archaic) for us
Nuca	Nape
Número	Number; copy (of periodical)
Nupcial	Nuptial
Nutria	Otter and its fur
Nutrir	Feed, nourish

—o—

Obra	Work; —— *maestra,* masterpiece
Obrero-a.	Worker
Obscuro-a.	Dark
Obsequio	Gift, attention
Ocre m.	Ochre
Ocultar	To hide
Oda.	Ode
Odalisca	Odalisk
Odio	Hatred
Oficio	Office, employment, work, occupation
Ofuscamiento	Confusión of mind
Oír	To hear; to listen
Ojo	Eye
Ola	Wave
Oleaje m.	Surf, rush or succesión of waves
Oler (hue)	To smell
Olímpico-a.	Olympian
Oloroso-a.	Odoriferous, fragant, perfumed
Olvido	Oblivion
Omnipotente	Omnipotent
Omnitrascendente	All-embracing; penetrating all
Onda	Wave
Ondeante	Waving
Ondear	To wave, undulate
Opacidad	Opacity, cloudiness, darkness
Opaco-a.	Opaque, dim, dull
Oponer	To oppose

Oprimir	To press, crush, to oppress
Opulento-a.	Opulent, wealthy
Oración	Prayer
Orador-a.	Orator; speaker
Oratorio-a.	Oratorical
Orbe	Orb
Ordenar	To order
Oreja	Ear
Orfeón	Glee club, choral society, choir
Organo m.	Organ; means, medium
Orgulloso-a.	Proud
Ornado-a.	Adorned, decorated
Ornar	To adorn, decorate
Oro	Gold
Ortografía	Orthography
Osado-a.	Bold, daring
Otoño	Autumn, fall
Óvalo	Oval

—o—

Pabellón m.	Flag, banner
Paciencia	Patience
Pacienzudo-a.	Patient; tolerant
Padecer	To suffer; to endure
Pagano-a.	Pagan
País m.	Country
Paisaje m.	Landscape
Paja	Straw
Pajarera	Aviary, bird-cage
Pájaro	Bird
Paje m.	Page
Paladar	Palate; taste
Paladear	To taste (with pleasure), to relish
Paladín m.	Paladin, champion, defender
Palanquín m.	Covered litter
Palestra	Arena
Paleta	Palette (paint)
Palidecer	To turn pale
Pálido-a.	Pale
Palidez f.	Paleness

305

Palmera	Palm tree
Paloma	Pigeon
Palpitante	Palpitating, throbbing
Panoplia	Panoply, collection of arms
Pámpano	Young vine branch or tendril
Pantalón m.	Trousers, pants
Pantano	Swamp
Panza	Belly
Paño	Cloth; *sombrero de* —— soft hat, trilby
Pañuelo	Handkerchief; kerchief
Par m.	Peer, equal, pair
Parabién m.	Congratulations, felicitation
Paradisiaco	Heavenly
Paraíso	Paradise
Parecer	To seem, appear, look
Pareja	Couple
Pariente m. & f.	Relative
Parlar	Chatter
Párpado	Eyelid
Partesana	A kind of halberd; battle-axe
Partir	To depart, leave; to split, divide
Parroquiano-a.	Client, customer; parishioner
Pasar	To pass; to go
Pasmoso-a.	Amazing; marvellous
Paso	Step
Pasto	Pasture; grassland; grass
Pastor-a.	Shepherd, shepherdess
Pastoril m. & f.	Pastoral, pertaining to the shepherds
Pata	Leg, foot (of animals); — s *de cabra* goat's legs; — s *de chivo* got's legs
Patalear	To kick around; to stamp
Paterno	Paternal
Patente	Patent, manifest, evident
Patria	Mother country, native land
Patriarca m.	Partriarch
Patriarcal	Patriarchal
Patrioterismo	Jingoism, chauvinism
Patriótico-a.	Patriotic
Patrón m.	Boss, master

Patroncito-a.	dim. of *patrón*, with a sense of afection, love or respect
Pausadamente	Slowly
Pausado-a.	Slow
Pauta	Guide, model, norm
Pavana	Old Spanish dance, performed slowly and stately
Paz f.	Peace; rest
Pecado	Sin
Pecador m.	Sinner
Pecaminoso-a.	Sinful
Pecho	Chest; breast, bosom; —— s breast bosom
Pedrería	Jewels; a collection of precious stones
Pedrusco	Rough stone
Pelear	To fight
Peligro	Danger, peril
Peluche m.	Plush
Peludo-a.	Hairy
Pelusilla	dim. of *pelusa* (down) the down of plants or fruit when it is very short
Pellejo	Skin
Pellizcar	To pinch, nip
Pena	Pain, afliction, sorrow, suffering
Penacho	Tuft; plume, crest
Pensil m.	Beautiful garden
Pender	To hang
Péndulo	Pendulum
Pensador-a.	Thinker
Pensamiento	Thought, idea; thinking
Pensar (ie)	To think
Penumbra	Penumbra, half light
Peplo m.	Peplum, tunic, a loose gown worn by women in ancient Greece
Pequeño-a.	Small, little
Pera	Pear
Percal m.	Percale, a dress material
Percibir	To perceive, to comprehend; to collect, to receive
Perder (ie)	To lose; —— *se* to be lost

307

Perdido-a.	Lost
Perdonar	To forgive, pardon
Peregrinar	To wander, to travel extensively
Peregrino-a.	Pilgrim; wanderer; adj. rare, extraordinary
Pereza	Laziness
Perfil m.	Profile
Periódico m.	Newspaper
Periodista	Journalist
Permanencia	Stay; permanence
Perla	Pearl
Perlado	Pearled
Permanecer	To remain
Perpetuo-a.	Perpetual
Perro	Dog
Perseguir	To pursue; to persecute
Persiana	Blind, shutter
Personalidad	Personality
Pertenecer	To belong
Perturbado-a.	Disturbed; mentally unbalanced
Pesado-a.	Heavy
Pesadumbre	Sorrow, grief, affliction
Pesar	To weigh upon; to be burdensome
Pescador	Fisherman
Pescante m.	Crane
Pescuezo	Neck
Pétalo	Petal
Peto	Breastplate
Petrificado-a.	Petrified
Pez	Fish
Pezón	Teat, nipple
Piadoso-a.	Pious, religious, merciful
Piafar	To paw, to stamp (used of horses)
Pica	Pike
Picacho	Sharp peak
Picar	To bite
Picarón m.	Rascal
Pico	Peack
Pichón m.	Young pigeon
Piececito m.	dim. of *pie* (foot)
Piedad	Piety, devoutness

Piedra	Stone
Piel f.	Skin
Pífano	Fife
Pila	Trough; fountain; pile, heap
Pildora	Pill
Pincel m.	Artist's brush
Pincelada	Brushstroke
Pintar	To paint; to describe
Pintoresco-a.	Picturesque
Pipa	Tobbaco pipe
Pirámide f.	Pyramid
Pirriquio	Pyrrhic, foot of Latin verse, composed of two short syllables
Pirueta	Pirouette
Piruetear	To pirouette
Pistola	Pistol
Placa	Plate
Placer m.	Pleasure; enjoyment
Plafón m.	Ceiling, soffit
Plática	Conversation
Plegaria	Prayer
Plinto	Plinth of a pillar (architecture)
Plomizo-a.	Lead-colored
Plomo	Lead; lead weight
Pobre	Poor, unfortunate; m. & f. poor person; unfortunate person; — *diablo*, poor devil, poor wretch; — *de espíritu*, humble
Pocilga	Pigsty, piggery
Poco-a.	Little, small; not much; — *s* few
Poder	Can; to be able
Podredumbre	Corruption, decay; rotten matter
Poeta m.	Poet
Polea m.	Pulley
Polen m.	Pollen
Polígloto-a.	Polyglot, many tongued
Polo	Pole
Polvareda	Cloud of dust
Polvo	Dust; powder
Pomposo-a.	Pompous; majestic; gorgeous
Ponzoña	Venon, poison

Porcelana	Porcelain, china
Poroto	Bean
Portezuela	Carriage door
Pórtico	Arcade; portico, porch
Porvenir m.	Future
Posarse	To perch, sit upon; to rest; **alight**
Poseer	To possess
(Postre) a la ——	At last, in the end
Potencia	Power, ability, potency
Potente	Potent; powerful, strong
Potestad	Power
Potro	Colt
Práctica	Practice
Precioso-a.	Precious, valuable; *pledra* —— **pre**-cious stone
Predilección	Predilection
Preferir (ie, i)	To prefer
Pregonar	To proclaim
Presidio	Imprisonment
Preso	Prisoner
Presteza	Haste, quickness
Prestigio	Prestige; influence
Prestigioso-a.	Famous
Pretender	To try, endeavor
Primavera	Spring
Primaveral	Springlike
Primoroso-a.	Exquisite, fine, elegant
Princesa	Princess
Príncipe	Prince
Prisa	Speed, haste; *a toda* —— with the greatest speed; *de* —— rapidly
Privación	Privation; want, lack
Pristino-a.	Pristine, original
Probo-a.	Honest, upright
Profanar	To desecrate, to profane; to defile
Profundo-a.	Profound; deep; low
Progenie f.	Progeny
Promesa	Promise
Pronto	Prompt, quick, fast, promptly, quick-ly; *de* —— suddenly
Propileo	Vestibule

Prorrumpir	To burst out, to break forth
Prosa	Prose
Prosaísmo	Prosiness, dullness
Prosapia	Ancestry
Prosista m. & f.	Prose writer
Protervo-a.	Wicked, perverse
Proverbial	Proverbial
Prueba	Proof
Púber-a.	Pubescent
Publicar	To publish
Puente m.	Bridge
Puerta	Door
Pujante	Powerful, strong, vigorous
Pulido-a.	Refined, polished; soft, neat, tidy
Pulir	To refine, polish
Pulmón	Lung
Punta	Point; end, tip
Puntiagudo-a.	Sharp-pointed
Puntilla	Lace edging
(Puntillas) en ——; de ——	En ——, de ——, gently, on tiptoe
(Punto)	A tal —— que, to such an extent that; estar a —— de, to be on the point of
Punzar	To prick
Puñal	Dagger
Puñetazo	Punch, blow with the fist
Puño	Fist
Pupila	Pupil (of eye)
Puro-a.	Pure
Púrpura	Purple; purple cloth; purpurado-a. purpúreo-a, purple
Purpurar	To purple, to make red
Pusilámine	Pusillanimous faint-hearted

—o—

Quebrar	To crack
Queja	Complaint; moan
Quejoso-a.	Complaining; querulous
Quemado-a.	Burnt
Quemante	Burning

Quemar	To burn; set on fire
Querer	To love; to want
Querido-a.	Beloved; desired
Querubín m.	Cherub
Quietud	Quiet, stillness, calmness
Quimera	Absurd idea, wild fancy; chimera
Quiromántico-a.	Chiromantic, pertaining to palmistry
Quitasol m.	Parasol
Quizá (s)	Perhaps

—o—

Rabo	Tail (of animal, especially quadruped); *mirar con el* —— *del ojo,* to look out the corner of one's eye
Racha	Gust of wind
Racimo	Cluster, bunch
Radiante	Radiant; shining
Radicar	To be, be located; to reside; to settle; —— *se* to be located; to reside
Radiografía	X-ray
Ráfaga	Gust of wind
Ramaje m.	Foliage; branches
Ramazón f.	Branches of tree
Ramillete m.	Bunch of flowers
Ramo	Bouquet; branch
Ramonear	To nibble the top of branches (cattle); to browse
Raro-a	Rare, escarce, uncommon; strange, odd; notable
Rasgar	To tear, rip
Rasgo	Feature, characteristic
Rasguñar	To scratch
Raso-a.	Plain; flat; smooth, clear; m. satin
Rastacueros	Phony
(Rastra) a —— s	By force
Rayo	Ray
Raza	Race
Razón f.	Reason
Rebanar	To slice
Rebaño	Flock

Receloso-a.	Suspicious, distrustful, apprehensive
Receta	Prescription
Recinto	Abode, enclosure, compound; area, place
Recio-a.	Strong, hard
Recodo del camino	Turn, bend of the road
Recordar (ue)	To remind
Rechinar	To squeak
Redactar	To edit
Referir (ie, i)	To relate
Regalar	To give as a present
Regalo	Gift, present
Regazo	Lap
Regio-a.	Stately; royal
Regocijar	To gladden
Regocijo	Joy, rejoicing, gladness
Reja	Iron-grating; window-grating
Relamer	To lick again; to lick one's lips
Relampaguear	To lighten; to sparkle; to flash
Religioso-a.	Religious ;—— o monk; —— a nun
Relinchar	To neigh, whinny
Relumbrante	Brilliant, flashing, dazzling
Relumbrar	To glare; to glitter
Remachar	To secure, affirm; to clinch (a driven nail)
Remar	To row
Rematado-a.	Finished
Remate m.	Finish, end; *por* —— finally
Remo	Oar
Remontar	To elevate, raise; to go up; —— se to rise; to soar, fly upward
Rencor m.	Rancour
Repecho	Steep slope
Repentino-a.	Sudden
Repercutir	To resound, echo back; rebound
Repetir (i)	To repeat
Repiqueteo	Tapping, ringing, merry bells
Repleto-a.	Replete, very full
Reposar	To rest
Reprender	To reprimand, admonish
Requerir (ie, i)	To request

Resaltar	To stand out; to jut out; to be evident
Rescoldo	Embers
Resistir	To withstand, to endure
Resollar (ue)	To breathe noisily
Resonar (ue)	To resound, echo
Resoplar	To puff; to blow; to snort
Respecto	—— *a* or *de* with respect to, with regard to
Respirar	To breathe
Resplandor m.	Brilliance, radiance
Restringir	To restric
Resucitar	To resuscitate; to resurrect; to revive
Resurgir	To revive; to reappear
Retirar	To withdraw; retire; —— *se* to retire, withdraw; to retreat, go back
Retoño	Sprout, shoot; bud
Retorcer (ue)	To twist
Retratar	To portray; to photograph
Retrato	Portrait
Reumático-a.	Rheumatic
Reumatismo	Rheumatism
Revelar	To reveal; to develop (photography)
Revenir	To come back
Reventar (ie)	To burst, blow up
Reverencia	Reverence; *su* —— Your Reverence
Reverente	Reverent
Revestir (i)	To cover
Revivir	To revive
Revolar (ue), Revolotear	To fly about, flutter around; to circle around
Revolcar .(ue)	To knock down; to turn over and over; —— *se* to wallow; to turn over and over
Revolucionario-a.	Revolutionary
Rey de naipes	King in cards
Rezar	To pray
Rezo	Prayer
Riachuelo	dim. of *río*, brook, streamlet
Ribazo	A sloping bank, mound, hillock

314

Ribera	Shore, bank
Ricachón-a.	Rich man; —— a rich woman
Rico-a.	Rich, wealthy; plentiful
Ridiculizar	To ridicule
Riel	Rail
Rima	Rhyme; —— s pl. poems.
Rincón m.	Corner
Riñón m.	Kidney
Rio	River
Riqueza	Wealth, riches
Risueño-a.	Smiling; fig. cheerful, sunny, bright
Ritmo	Rythm
Rivalidad	Rivalry
Rizo	Curl
Roble	Oak
Robusto	Robust, vigorous
Roca	Rock
Rocío	Dew
Rodar (ue)	To roll; to run on wheels
Roer	To gnaw
Rogar (ue)	To pray, to request, beg
Roldana	Sheave, pulley wheel
Ronco-a.	Hoarse; harsh sounding
Ronda	Night patrol
Rosa	Rose; rose-colored
Rosal m.	Rose-tree, rose bush
Rostro	Face
Roto-a.	Broken
Rotundo-a.	Round, sonorous
Rozar	To pass lightly over; to touch
Rubio-a.	Blond, blonde; golden
Ruboroso-a.	blushing; bashful
Rudo-a.	Rude
Rueca	Distaff for spinning
Rugido	Roar
Rugir	To roar
Ruido	Noise, sound
Ruin m. & f.	Vile, despicable, base
Ruiseñor m.	Nightingale
Rumbo	Course, direction, bearing, orientation

Sábado	Saturday
Sábana	Sheet
Sabana	Prairie
Saber m.	Knowledge, learning
Saber	To know; *sed de* —— thirst for learning
Sabiduría	Wisdom; learning
Sabio-a.	Learned, wise; wise person
Sabroso-a.	Savory, tasty; delicious, deligthful
Sacerdote m.	Priest
Saciar	To satiate
Sacrilegio	Sacrilege
Sacrílego-a.	Sacrilegious
Sacro-a.	Sacred, holy
Sacudir	To beat; to shake
Sagrado-a.	Sacred
Sajón-a.	Saxon
Sal f.	Salt
Salado-a.	Salty; salted
Salitre m.	Saltpeter
Salmo	Psalm
Salomónico-a.	Similar to that of King Solomon
Salón m.	Lounge, drawing room
Saloncito	dim. of *salón;* small *salón*
Salto	Jump; *dar un* —— to jump
Salud	Health; *¡*——*!* to your health; hail; greetings
Saludar	To greet; to hail; to salute
Salvaje	Savage, wild
¡Salve!	God bless you!
Sandalia	Sandal
Sangrar	To bleed
Sangre f.	Blood
Sangriento-a.	Bloody
Sanguijuela	Leech
Santificar	To sanctify, hallow, consecrate
Santo-a.	Saint; holy
Sátiro	Satyr

Sauce m.	Willow
Savia	Sap; fig. blood, life, force
Saya	Dress skirt
Sed	Thirst
Seda	Silk
Sedoso, Sedeño	Silken, silky
Seguido-a.	Continued, succesive
Seguir (i)	To continue, go on; to follow; to proceed
Seguro-a.	Sure, certain
Selva	Forest, woods, jungle
Semidios	Demigod
Semi	*Semi* is a prefix which in composition signifies half; sometimes it is equivalent to *casi,* almost
Semigenio	Almost genius
Semilla	Seed
Sencillamente	Simply
Sencillo-a.	Simple, plain; straight forward
Sendos	One for each one
Seno	Bosom, breast; lap; womb
Sensitivo-a.	Sensitive
Sentir (ie, i)	To feel; to hear; to regret; to resent
Señalar	To point out, indicate, designate
Señalado-a.	Marked
Septentrional	Northern
Sepulcro	Tomb, grave
Ser	To be
Ser m.	Being, entity
Sereno-a.	Serene
Serpiente f.	Serpent; snake
Servidumbre	Servants; servitude
Servir (i)	To serve, be of use or benefit
Sibila	Sibyl; prophetess
Sibilino-a.	Sibylline
Siempre	Always, ever
Sierpe f.	Serpent
Siesta	Afternoon nap
Silaba	Syllable
Silencio	Silence; quiet
Silencioso-a.	Silent; quiet

317

Silva	A form of poem
Silvestre	Wild
Simulacro	Simulachre, image
Sinfonia	Symphony
Sino	Fate
Sinsonte m.	Mocking bird
Síntesis f.	Synthesis
Siringa	Syrinx
Sistro	Sistrum, an ancient musical instrument
Soberano-a.	Sovereign
Soberbiamente	Proudly
Soberbio-a.	Magnificent, superb; pompous; proud, haughty
Sobrepelliz f.	Surplice
Sobresalto	Sudden fear; fright, scare
Sociedad	Society, association
Sol	Sun; sunlight
Solar	Solar, of the sun
Soledad	Loneliness
Solemne	Solemn
Solitario-a.	Solitary
Sollozar	To sob
Sollozo	Sob
Sombra	Shade; shadow
Sombrero de paño	Soft hat
Sombrío-a.	Somber, gloomy; shady, dark
Son m.	Tune, music
Sonar	To sound; to ring
Sonda	Lead, a cord with a heavy weight attached for sounding (nautical)
Sonoro-a.	Sonorous
Sonreir	To smile
Sonrisa	Smile
Sonrosado-a.	Pink, rosy
Soñador-a.	Dreamer
Soñar (ue)	To dream
Soñoliento-a.	Sleepy
Soplar	To blow, blow out
Soplo	Blowing
Soportar	To bear

Sorber	To sip
Sorbo	Sip
Sordo-a.	Deaf
Sororal	Sisterly
Sospechar	To suspect; to imagine
Sou	(French language) equivalent of cent
Suave	Mild; soft; smooth; sweet
Súbito-a.	Sudden; de —— suddenly
Sucedido m.	Happening
Sucio-a.	Dirty
Suelo	Soil, ground; floor
Suelto-a.	Loose; free
Sueño	Dream; sleep
Suerte	Tocarle a uno la —— to fall to one's lot
Sufrir	To suffer
Suma	Sum; en —— in short
Suntuoso-a.	Sumptuous
Superhombre m.	Superman
Suplicar	To beg, implore; to pray
Surco	Furrow
Surtidor m.	Fountain, jet, spout
Suspiro	Sigh
Susurro	Whisper, murmur
Sutil	Fine; subtle

—o—

Tabernáculo	Tabernacle
Tacto	Touch; tact
Tachonar	To adorn
Taladrar	To bore, drill; to pierce; to penetrate
Talento	Talent, intelligence
Talismán	Talisman (Rubén Darío used neologisms and rare words, and created new ones, like talismánico)
Talón m.	Heel of foot
Talla	Height, stature
Talle m.	Waist
Taller m.	Workshop; studio
Tallo	Sprout

Tamaño	Size, bulk
También	Also, too
Tambor m.	Drum
Tamizado-a.	Sifted
Tamizar	To sift
Tanto	So, in such a manner; *en* —— *que* in the mean time
Tañendo	Playing a musical instrument (p. p. of *tañer*)
Tañer	To play a musical instrument
Tapiz m.	Tapestry
Tardar	To delay; to take long
Tarea	Task, job
Tarjeta	Card; post-card
Tártaro-a.	Tartarian, of Tartary
Tea	Torch
Teatro	Theatre
Teclado	Keyboard
Techumbre	Roof
Tejer	To weave; knit
Tela	Cloth
Temblar (ie)	To shake; to tremble
Temblor m.	Trembling
Tembloroso-a.	Trembling, shaking
Temor m.	Fear
Temperamento	Temperament; constitution
Tempestad	Tempest, storm
Templo	Temple, church
Temporal	Storm
Tenaz	Tenacious; stubborn, obstinate
Tender (ie)	To stretch out, to spread
Tentar	To tempt
Tenue	Soft
Teologia	Theology
Teoría	Religious procession among the ancient; theory
Teósofo	Theosophist
Terceto	Triplet or tercet, a three-line stanza
Tercio	Regiment
Terco-a.	Obstinate, stubborn, unyielding
Terno	Suit of clothes

320

Ternura	Tenderness
Terracota	Terracotta
Terrenal	Earthly, wordly
Terreno	Mundane, earthly; soil, land
Terso-a.	Smooth, glossy
Tertulia	Party, social or cultural gathering
Tesoro	Treasure
Testa	Head
Testuz m.	Nape (of some animals, like the bull)
Tibio-a.	Lukewarm
Tibor m.	A large china, jar
Tiempo	Time; weather; de —— en —— from time to time
(Tientas) a —— s	Groping, gropinly; in the dark
Tierno-a.	Tender
Tierra	Earth; ground; world
Tiesto	Flower pot
Timbalero	Kettle drummer
Timido-a.	Timid; shy
Timpano	Kettledrum
Tiniebla	Darkness
Tinta	Ink; shade
Tintar	To color
Tirar	To throw
Tirso	Wand, used in sacrifices to Bacchus thyrsus, thyrse
Titán m	Titan
Titilar	To twinkle, to quiver
Titubeo	Hesitation; staggering
Tobillo	Ankle
Tocador m.	Boudoir
Todavia	Still, yet
Tomillo	Thyme
Tonteria	Foolishness, nonsense
Tonto-a	Foolish, stupid; fool
Torbellino	Whirlpool, whirlwind, fig. whirl
Tormenta	Storm
Tornarse	To become
Tornasolado-a.	Iridescent
Toro	Bull

321

Torso	Torso
Tórtola	Turtledove
Tosco	Coarse, harsh, rough, unpolished
Trabajar	To work; *¡trabaja!* you, work!
Trabajador	Worker
Trabajo	Work, task; —— s fig. hardships
Traductor-a.	Translator
Trailla	Leash (dogs)
Trajín m.	Traffic, going and coming
Tranco	Big step, stripe; *andar a* —— s stride along
Transeúnte m.	Passer-by
Transparentar	To show through
Tranvía m.	Streetcar
Trapo	Rag
Traqueteo	Rattling; shaking
Tras	Behind; after
Trato	Friendly intercourse
Travesía	Crossing, voyage
Trazado-a	Drawn
Trémulo-a.	Tremulous, trembling
Trepar	To climb
Triángulo	Triangle
Tribuna	Platform; rostrum; tribune
Trigal m.	Wheat-field
Trino	Trill (in singing); warbling of birds
Trípode m.	Tripod
Triste	Sad; sorrowful
"Triste"	A sad song (in Argentine, Perú, and other South American countries)
Tristeza	Grief, sorrow, affliction
Tritón	Newt
Triunfante	Triumphant
Triunfar	Triumph
Triza	Fragment, shred, bit; *hacer* —— s to shred; tear up; smash to bits
Trocar (ue)	To exchange
Troje	Granary, mow
Trompa	Trumpet
Trompeta	Trumpet
Tronco	Tree trunk

322

Tropel	Throng; bustle, confusión, rush
Trozo	Piece
Trueno	Thunder
Tullido	Crippled, paralyzed
Tumba	Grave, tomb
Túnica	Robe, gown
Tupido-a.	Thick, dense, abundant
Turbador-a.	Disturbing

—o—

Ubérrimo	Very fruitful; extremely abundant
Ubre	Udder
Ufano-a.	Proud
Último-a.	Last, final; *por* —— lastly, finally
Ultratumba	Beyond the grave
Umbral m.	Treshold
Unánime	Unanimous
Uncir	To yoke
Ungir	To anoint
Único	Only; unique; peerless
Unir	To joint
Universo	Universe
Uña	Hook (on a tool); fingernail
Usar	To use, employ, make use of
Uso	Use, employment, service; *al* —— according to custom
Útil	Useful
Utilidad	Usefulness
Uva	Grape

—o—

Vaciar	To empty
Vacío-a.	Empty; m. emptiness
Vagar	To wander
Vago-a.	Vague; wandering, roving
Vaho	Vapor
Valor m.	Value
Vals m.	Waltz
Vano	Useless, vain; *en* —— in vain

Vapor	Steamer, steamship
Varita misteriosa	Wand (magic)
Varón m.	Male, man; real man
Vasallo-a.	Vassal
Vástago	Offspring
Vasto-a.	Vast, extensive, large
Vate m.	Poet
Vecino-a.	Neighbor
Vedado-a.	Forbidden
Vegetal m.	Plant, vegetable
Velado-a.	Hidden
Velar	To watch; keep vigil
Velo	Veil
Veloz	Quick, fast, speedy
Vellón m.	Fleece
Velludo-a.	Hairy; downy
Vena	Vein
Vencer	To defeat, conquer; to win
Vencido-a.	Vanquished, conquered
Vender	To sell
Veneno	Poison, venom
Venganza	Vengeance, revenge
Venir (ie, i)	To come
Venidero-a.	Future
Venta	Sale
Verano	Summer
Verbena	Festival or carnival
Verdad	Truth
Verdadero-a.	True; real
Verleniano	Pertaining to Verlaine (French symbolist poet)
Verso	Verse, line; *hacer* —— *s* to write poetry
Verter (ie, i)	To pour; to translate
Vértigo	Dizziness
Veste f.	Garment, dress, clothing
Vestir (i)	To dress, put on, wear
Vez	Time; *una* —— once
Via	Road; way
Via	Poetic license, should be *veía*
Vibrar	To vibrate; throb

Víbora	Viper
Victoria	Victory
Vida	Life
Vidriera	Show window; glass
Viento	Wind
Vientre m.	Abdomen; belly
Vil	Vile, despicable
Vilo	*En* —— in the air, in suspense
Vino	Wine
Viña	Vineyard
Violento-a.	Violent
Violoncelo	Cello
Virgen f.	Virgin
Virginidad	Virginity
Viril	Virile
Virtud	Virtue
Vistazo	Glance; *dar un* —— to glance over
Vistoso-a.	Showy
Viuda	Widow
Viudita	dim. of *viuda*, meaning merry little widow
Vivaz	Lively
Viviente	Living
Vivir	To live
Vivo-a.	Alive, lively; bright (eyes)
Vizconde	Viscount
Vocerío	Clamor, outcry
Volúbiles	(Latin: volubilis, Spanish: *voluble*) revolving
Voluptuoso-a.	Voluptuous, sensuous
Volar	To fly; *¡vuela!* you, fly!
Vuelo	Flight
Voluntad	Will, desire
Volver (ue)	To return, come back; to turn
Voto	Vow, oath; vote
Voz	Voice; *en* —— *baja, en baja* —— low voice
Vuelo	Flight

—o—

Yambo	Iambic foot (poetry)
Yelmo	Helmet
Yerran	(Infinitive: *errar*) they wander
Yerto	Motionless, rigid, stiff, still
Yeso	Plaster
Yokohamesa f.	From Yokahama
Yunke m.	Anvil

—o—

Zafarse	To slip away
Zafiro	Shapphire
Zahareño-a.	Unsociable, reserved, untamable
Zahori	Soothsayer; seer clairvoyant
Zalema	Salaam, bow, courtesy
Zambra de echacorveria	Festival or feast of the pimps or procurers
Zambullirse	To duck, to plung
Zapatero	Shoemaker
Zapato	Shoe
Zarpa	Paw
Zarpazo	aug. of *zarpa;* blow with the paw; big blow
Zócalo	Socle, base (of a pedestal)
Zumbido	Buzzing, humming

BIBLIOGRAFÍAS

BIBLIOGRAFÍA ACTIVA

OBRAS PRINCIPALES

PROSA

Azul . . . (cuentos y poesías). Valparaíso, 1888; ed. aumentada, prólogo de Juan Varela, Guatemala, 1890.
Los raros. Buenos Aires, 1896.
España contemporánea. París, 1901.
Peregrinaciones. París, 1901.
La caravana pasa. París, 1903.
Tierras solares. Madrid, 1904.
Opiniones. Madrid, 1905.
Historia de mis libros, Buenos Aires, 1909.
La vida de Rubén Darío Escrita por el mismo. Buenos Aires, 1912.

POESÍA

Epístolas y poemas. Managua, 1885.
Rimas. Santiago de Chile, 1887.
Abrojos. Santiago de Chile, 1887.
Canto épico a las glorias de Chile. Santiago de Chile, 1887.
Azul . . . (cuentos y poesías). Valparaíso, 1888; ed. aumentada, prólogo de Juan Varela, Guatemala, 1890.
Prosas profanas y otros poemas. Buenos Aires, 1896; ed. aumentada, prólogo de José Enrique Rodó, París, 1901.
Cantos de vida y esperanza, Los cisnes y otros poemas. Madrid, 1905.
El canto errante. Madrid, 1907.
Viaje a Nicaragua e Intermezzo tropical, 1909.
Poema del otoño y otros poemas. Madrid, 1910.
Canto a la Argentina. Buenos Aires, 1910.
Canto a la Argentina y otros poemas. Madrid, 1914.
Obra poética de Rubén Darío. (Edición antológica dirigida por él mismo), 1914-1916.

BIBLIOGRAFÍA PASIVA[19]

ESTUDIOS

Alemán Bolaños, G. *La juventud de Rubén Darío*, Guatemala, 1958.

Arias, D. E. *The Subject of Life and Death in the Poetry of José Martí and Rubén Darío*, Coral Gables, Fla., 1955.

Bazil, O., *Vidas de iluminación. La huella de Martí en Rubén Darío*, Habana, 1932.

Borghini, V., *Rubén Darío e il modernismo*, Génova, 1955.

Capdevila, A., *Rubén Darío un bardo rei*, México, 1946.

Contreras, F., *Rubén Darío, su vida y su obra*, Santiago de Chile, 1937.

Del Greco, A. A., *Repertorio bibliográfico del mundo de Rubén Darío*, New York, 1969.

Díaz Plaja, G., *Rubén Darío, la vida, la obra, notas críticas*, México, 1957.

Donoso, A., *Obras de juventud de Rubén Darío*, Santiago de Chile, 1927.

Fiore, D. A., *Rubén Darío in Search of Inspiration*, New York, 1963.

Garciasol, R. de. *Lección de Rubén Darío*, Habana, 1953.

González, Manuel Pedro. *Iniciación de Darío en el culto a Martí*, Habana, 1953.

Ledesma R., *Genio y figura de Rubén Darío*, Buenos Aires, 1965.

Lorenz, E., *Rubén Darío "bajo el divino imperio de la música"*, Managua, 1960.

---

19. Esta es una bibliografía pasiva mínima. Para una bibliografía extensa véanse el libro de Hensley C. Woodbridge, o sus trabajos en *Hispania*, citados aquí.

Lugones, L., *Rubén Darío*, Buenos Aires, 1919.

Mapes, E. K., *L'influence française dans l'ouvre de Rubén Darío*, París, 1925.

Marasso, A., *Rubén Darío y su creación poética*, La Plata, 1934.

Meza Fuentes, R., *De Díaz Mirón a Rubén Darío*, Santiago de Chile, 1940.

Morales, Angel Luis, *La angustia metafísica en la poesía de Rubén Darío*, Río Piedras, Universidad de Puerto Rico, Biblioteca de Extramuros, 1, noviembre 1967.

Oliver Belmás, A., *Este otro Rubén Darío*, Barcelona, 1960.

Ory, E. de, *Rubén Darío*, Cádiz, 1917.

Salinas, Pedro, *La poesía de Rubén Darío*, Buenos Aires, 1948.

Sánchez - Castañer, Francisco, "Huellas épicas en la poesía de Rubén Darío", *Revista de la Universidad de Madrid*, Vol. XIX, Núm. 74, tomo V, págs. 221 - 247.

Sequeira, D. M., *Rubén Darío criollo, o raíz y médula de su creación poética*, Buenos Aires, 1945.

Silva Castro, Raúl, *Rubén Darío y Chile*, Santiago de Chile, 1930.

————*Rubén Darío a los veinte años*, Madrid, 1956.

Soto Hall, M., *Revelaciones íntimas de Rubén Darío*, Buenos Aires, 1925.

Torres, E., *La dramática vida de Rubén Darío*, México, 1958.

Torres-Rioseco, A., *Rubén Darío, casticismo y americanismo*, Cambridge, 1931.

————*Vida y poesía de Rubén Darío*, Buenos Aires, 1944.

Vargas Vila, J. M., *Rubén Darío*, Barcelona, 1921.

Watland, C. D., *Poet-Errant: A Biography of Rubén Darío*, New York, 1965.

Woodbridge, Hensley C. "Rubén Darío: A Critical Bibliography," *Hispania*, L, 4, December 1967, págs. 982-995.

————"Rubén Darío: A Critical Bibliography," *Hispania*, LI, 1, March 1968, págs. 95-110.

————*A Selective, Classified and Annotated Bibliography*, New Jersey, 1975.

Ycaza Tigerino, J. C., *Los nocturnos de Rubén Darío y otros ensayos*, Madrid, 1964.

ESTUDIOS PRELIMINARES:
EL MODERNISMO
RUBÉN DARÍO: SU VIDA
RUBÉN DARÍO: SU OBRA

Este libro se terminó de imprimir
en el mes de junio de mil no-
vecientos setenta y nueve, en los
talleres de imprenta de EDITORIAL
TEXTO LTDA., San José, Costa Rica